# 寬恕十二招

## 尋回真愛的祕訣

*The Twelve Steps of Forgiveness*

出版：奇蹟資訊中心

作者：Paul Ferrini ● 譯者：周玲瑩 ● 潤稿：若水

曠世靈修經典【奇蹟課程】的輔讀書籍

本書的靈感都是源自曠世靈修經典

# 《奇蹟課程》

在此特為致謝

考驗，不過是你過去未曾學會的一些課題，
如今再度現前，如此，你才能在過去選錯之處
重作一個更好的選擇，
藉以擺脫舊有的選擇所帶來的一切痛苦。

*《奇蹟課程》31 章 8 節 3 段*

# 寬恕的真諦

若　水

《寬恕十二招》的基本構思，是根據美國家喻戶曉的「戒酒無名會十二步驟」(The Twelve Steps of Alcoholics Anonymous) 而寫成的。無名會的成功秘訣即在於他們看清了一點：酗酒的人不是不知道酒精的危害，也不是不想戒酒，只因他們心中有很深的創傷，想要逃避；很深的空虛，有待彌補，才會欲振乏力。因此無名會的首要任務便是協助酗酒者面對真相，他們必須先承認自己是個酒鬼，接受自己所犯的錯，然後才可能重新做一選擇。藉助於某種超越的力量（不限於某一宗教），找回生命的尊嚴，在同病相憐的會友的扶持下，開始新的生活。

冰凍三尺，非一日之寒，我們每個行為或習慣都是千百個意念在時空與經驗中逐漸累積成形的，若不扭轉那誤導我們至今的念頭，即使明知自己需要改變，也會提不起勁兒來，我們不都曾感受過這種挫折？

恐懼與憤怒，和酒精一樣，也是一種「癮」，它的毒根早已蔓延到我們的血管或筋骨裡了，我們想要斷根都不易找到一個下手之處。這些年來，我四處介紹《奇蹟課程》的「寬恕」理念時，便常聽到讀者的嘆息：

「我又不是聖人，為什麼要寬恕對不起我的人？」
「我知道應該寬恕別人，也很想寬恕自己，但就是做不到！」
「我覺得我已經寬恕了，為什麼還是這麼痛苦？」

寬恕不是一個行動而已，它是一連串的「正念」所累積出來的「心胸」，這不是聽幾次演講或讀幾本書就能獲得的經驗，因它與個人的無知、恐慌、逃避、自責、封閉、抗拒等等隱藏的心態有關，我們必須一個結一個結地化解掉那些內在的障礙，才可能體驗出寬恕的真諦。

　　《寬恕十二招》便是循序漸進地為我們「解結」的一套指南，它將《奇蹟課程》的 365 課練習歸納為十二步驟，脈絡分明，易於遵循。最難能可貴的是，書中很少說教或告誡的口吻，字裡行間充滿著寬容、諒解以及尊重，使讀者能毫無戒心地聆聽，不知不覺地被引領入心靈的密室。

　　周玲瑩女士在總管奇蹟資訊中心的雜務之餘，還能抽空把這本書翻譯出來，與她的朋友分享，實在令人欣慰。她這一兩年來生活上神奇的轉變，不啻是《寬恕十二招》一個活生生的見證，書與人真可謂是相得益彰。

若　水

識於加州如客陵星塵軒

　　若水女士，為靈修鉅著《奇蹟課程》(A Course in Miracles)中文版譯者，從事心理和靈修輔導多年，對儒學、禪學、天主教、密宗均有深入研究。

# 找回自己內在的愛

周玲瑩

　　這本書雖小，卻花了我二年的時間翻譯，因為在翻譯的過程中，發生了一連串離奇的事件，把我從裡到外剝了兩層皮，讓我彷彿脫胎換骨般地變成了另一個人。而且，若非這個轉變，我是無法將此書蘊含的靈性譯出的。

　　二年前，我參加若水老師主持的八天靜觀避靜活動，《寬恕十二招》的原文書是避靜省思的主題。當時的我，在商業界混了將近二十年，腦海中都是如何在競爭激烈的環境中求生存，「物競天擇，適者生存」是必然的生活準則，因此我的內心隨時充滿著憂懼與憤怒，表現於外的則是喜怒無常。我總覺得自己是生活的受害者，殊不知最親近的家人朋友才是我的受害者。長久下來，我終於受不了這種生活方式，急於找出脫困之道，但總是不得其門而入。

　　在靜觀避靜活動中，若水老師一再談到「愛」與「寬恕」，我內心的疑團隨著活動的接近尾聲而日益擴大：何謂「愛」？為什麼我找不到自己的愛，它從何處來？我當時最深的感受是：周遭的人都是帶給我痛苦的人，我真的看不出他們的愛，也找不到自己的愛，更無法把愛給出來。那麼，我如何了解「寬恕」的含意呢？

活動結束時，若水老師聽到我的疑惑，乾脆把原文書交到我手上，她說：「把它翻譯出來吧！我相信你會在翻譯的過程中，逐漸了解寬恕的意義。」我自認無翻譯的本事，但內心對「愛」與「寬恕」的那股好奇心遠勝過自己的恐懼，於是我接下了這份挑戰。

　　剛開始翻譯，每當看到書上說「寬恕自己」，我的內心就會冒出無名怒火，心想：「哼！我的苦都是別人害我的，因為他這樣說或那樣做而造成的，根本不是我的責任，為何我要寬恕自己？」到後來，我實在無法接受這個觀念，便憤而把書丟開，不肯再碰它一下，視它如眼中釘。然而「寬恕自己」的這個疑惑卻始終盤桓在我心田裡不肯離去。就在此時，我與先生發生了一場激烈的衝突，我認為衝突是肇始於對方的不講理，不肯以同理心來看待我，一切都是對方的錯。在口角爭吵至最激烈時，我突然分裂成兩個人，坐在我身旁分裂出來的那個我，冷眼看著正在大聲辯解的我，說：「這個女人，我一點都不喜歡她，無論她說得多麼有道理，光是她說話的語氣、聲調、態度，我就無法接受她。」

　　這個突發狀況與覺察，讓我當場嚇了一大跳，立即悟出我可能真的需要寬恕自己。然而，我仍不肯相信自己原是這樣的人。接下來數天，我一直處在這種分裂狀態，冷眼旁觀著自己的一言一行，其中一個我說：「看！這就是妳！」另一個我說：「不！我絕不是這樣的人！」我的內心不斷抗拒著，想起

《寬恕十二招》書中所説的「接納自己的現狀」。我才不得不對自己說：「好吧！我承認那就是現在的我！」說完，很奇怪地，那兩個我立即合而為一，分裂的現象不再出現，我也走出了人格分裂的疑懼。

發生這件事以後，我的注意力及好奇心開始由外在現象轉向內心世界的探索，並逐漸看到自己各種不適切的行為以及其背後的恐懼。我簡直不敢相信這些都是我的現狀，我害怕得吃不下、睡不著，不知該如何去面對。先生很關心，也很擔心地說：「早就告訴過妳，這種靈修的書不要看太多，妳看！現在嚐到苦頭了吧！妳還是多看些企管的書吧！」我有氣無力地躺在床上，痛苦地掙扎著：「放棄嗎？」「不！好不容易走了一半的路，怎可往回走？而且，如果現在放棄了，我以後一定沒勇氣再走這條路。」

確定自己的走向之後，內心逐漸平撫下來，並決定在日常生活裡，按照此書所說的去進一步覺察自己。因此，在第一招「承認恐懼」裡，我覺察到自己在生活事件中的各種情緒感受，並勇敢地面對它們，與它們同在一起。在第二招「了解自己渴望的是愛」，讓我進而看到，我與別人的各種「你錯我對」爭吵，都是在要求對方的關懷與尊重。我明白自己要的是愛，卻用「非愛」的手段去爭取，難怪別人無法真心地愛我，而這個內疚也使我無法真心地愛我自己。

《寬恕十二招》就這樣帶領我慢慢走入自己的內心世界。它與我細細對話，教我如何穿越自己的恐懼走出黑暗，教我如何追尋自我的肯定，教我從要求別人的愛中找回自己內心本具有的愛。那個愛早已存在我心，不曾失去過，只是我把它遺忘了，而且還一直企圖從別人那裡要。這個愛，正是我賴以寬恕的力量，是我走出黑暗的光明使者。有了它，我才能找到回家的路。

　　在翻譯的過程中，上天為了加強我學習的信心，特別賜給我一位好友楊惠米在旁鼓勵我，陪伴我。我們為了深入了解此書，曾一起將書中的觀念，具體應用於自己的生活中，彼此分享，受用無窮。漸漸的，我們把往外指責、怨天尤人的那根手指頭收了起來，轉而反觀自己往外投射的內心世界。幸好有這段學習經驗為我們暖身，當《奇蹟課程》中文版出書後，我們便能很自然地將《奇蹟課程》學員練習手冊的觀念，繼續運用在生活中，誠實地自我觀照。

　　此書付梓的前夕，我內心充滿了由衷的感激，感激陪伴我度過半生的家人，感謝曾耐心地聆聽與鼓勵我的朋友，更感謝若水老師不僅給我翻譯此書的機會，還仔細地為我審文潤稿，使這本小書能以優美而流暢的文字呈獻給讀者。

　　願我們從此一起在愛與寬恕中成長。

# 目錄

# 前　言

　　本書特別把整套寬恕過程編寫成十二個步驟，幫助你把生活裡的恐懼心態轉變成愛。這套寬恕過程不是為了消除你生活中的恐懼，而是當恐懼出現時，幫你穿越過去。

　　寬恕十二招涵蓋了四大要訣。若有人覺得一時難以消化整套的招數，不妨將十二招濃縮成這四大要訣，反覆練習，如此再進入全套的十二招，便覺得輕而易舉了。

　　任何一個要訣或招數，若能說到你的心裡或打到你的痛處，你可以隨時在該處打住，加以深入。請記住，你練習了多少招數並不重要，重要的是你是否深入練習，因為每一招實際上都包含了其他所有的招數。

　　這本書是一本實用手冊，你必須每天、每小時，甚至

分分秒秒地把它運用出來，這些招數才能成為轉化你生活的工具。如此，你將發現，你付出多少努力，你便能由此修持中獲得多少。

運用寬恕十二招是不必憑藉腦力的，因為它所含的分析不多，只要你在失去內心平安之時願意記住那些招數就可以了。你所需做的就只有這樣。這一經歷會把你帶回那始終存在你心裡的真相，那是你早已知道但暫時遺忘的真相。

這十二個招數乃是針對你在內心以及人際關係中所營造出來的分裂幻覺而痛下針砭，化解你對自己和別人的錯誤信念，並除去你的自責和愧疚。它們會把你帶回自己心內，帶向你的弟兄姊妹和上主那裡，最後進入天人合一的境界。

我們的心靈無時無刻不在愛和恐懼之間作選擇，那就是平安之旅的起點。內心若不平安，世界和平杳無希望。平安就像愛一樣，也是具有延伸性的，它不是由世界延伸到我們心裡，而是由每一顆心帶給另一顆心，因而遍傳全人類。當我們一起開始這趟寬恕之旅的同時，我便已把我的愛與祝福延伸於你了。

# 簡介：寬恕的四大原則

「寬恕」的觀念，真正了解它的人可說是微乎其微，我們以為最大的挑戰乃是寬恕別人對我們的傷害。其實，那只是蛋糕上那層薄薄的糖衣而已。

若你已經寬恕自己，就很容易寬恕別人。但是，若你尚未寬恕自己，就絕不可能寬恕別人。寬恕是要從自己的內心開始，與別人的關係並不大。

若我寬恕了自己，那麼寬恕你就不是難事，因為如果我能從心裡拔除譴責和愧疚那根刺，就不難獻給你寬恕這個禮物。只要我能看到自己的純潔無罪，便也能看到你的純潔無罪。

大多數人不斷試著寬恕，但總想先寬恕別人，才寬恕自己。這樣做反而會滋生真正的問題，因為並不是每個人都想要被寬恕。不接受寬恕的，大有人在！有些人甚至拒絕相信自己是有罪的！你曾試過寬恕一位自認為無罪的人嗎？那是行不通的！無論你如何努力，他就是不肯接受你的寬恕。然而，也有一些人始終心懷愧咎，不斷尾隨你後，請求你的寬恕，但你就是無法寬恕他們！

甚至當你了解到自己需要被寬恕時，仍然本末倒置地請求別人的寬恕。你能要求某人寬恕你，也許是一位朋友、一位神父或牧師，甚至是上主，但效果不大，因為即使你獲得上百人的寬恕，甚至上天的寬恕，若你無法寬恕自己，又有何用？

　　向外尋求寬恕是沒有用的，那只是在逃避問題、打擊自己，使自己受挫更深，更難以打開我們的心門。我們唯有了解：感到憤怒的是我們，覺得有罪的是我們，攻擊別人並為自己的攻擊辯護的也是我們，需要被寬恕的是我們，而這寬恕卻不是別人所能給予的，此時，我們的心門才會真正開啟。所以，寬恕的第一個原則是：寬恕是由自己的內心生出的。那是你在寬恕別人之前，必須先對自己做的一件事。

　　下一個原則是：寬恕是無條件的，也不是片面的。寬恕是一心一意、全心全靈的舉動，它能消除煩惱與痛苦。討價還價式的寬恕是行不通的，但我們卻一意孤行：

「我若得到心目中的工作或和某人建立關係，我才能寬恕自己。」

或「你先向我道歉，我才能寬恕你。」

或「我願寬恕你，但不能寬恕他。」

只要我們有一點兒攻擊之念，就會試圖為攻擊辯護，此時寬恕便無法現身。真的，片面的寬恕乃是另一種居心叵測的攻擊！寬恕必須是無條件，且全面性的。它引導我走出過去的心態而進入現在，幫助我走出妄自添加給自己的「隔閡」感受，逐漸對自己和別人開放，如此，親密關係才有發生的可能。

　　當我寬恕時，我接受過去所發生的一切，包括過去對自己和別人所作的任何批判，不再把它們帶到現在和未來的生活裡。若我仍帶著過去的批判，我就必須先接受這一事實，然後予以釋放。

　　我可能「仍有」很多的怨懟，卻不再「緊抓著不放」，因為我已了解那些怨懟都是來自內心的恐懼。只要我能穿越恐懼並再度學會信任，那些怨懟就自然而然消失了。我不必成為完人才能寬恕，因為在我的生命裡，寬恕是一個永無止境的過程。我寬恕後，如果又重犯批判的毛病，便再寬恕一次。寬恕自己或別人是沒有止境的課程，這是寬恕的第三個原則。

　　就像貝克特(Samuel Beckett)所說的吮石頭之譬喻，某人喜歡吮石頭，每吮一顆便放進自己口袋，然後再吮另

一顆石頭。他甚至發明了一套精密的程序，以確保每顆石頭都得到同等的關照，但到最後自己也受不了了，一氣之下扔掉了所有的石頭。我們自己可能也不自覺地在人生道上，一路挑撿石頭，放入口袋，隨身攜帶。它們好比我們的批判，都是不必要的負擔，但是我們一直守著它們，直到有一天我們甘心放下為止。同樣地，我們也一直把持著自己的批判不放，直到看見自己的愧疚或攻擊這一惡性循環是多麼地荒謬可笑。

所以，我們需要耐心，畢竟寬恕不是一蹴即成的，有時我們一次只能扔掉一顆石頭，有時它們一起落下而砸到我們的腳趾。沒有所謂的對或錯的方式，無論是哪一種經驗，都是情有可原的。

我比較喜歡上述貝克特的比喻，甚於卡繆(Camus)引用的薛西弗斯(Sisyphus)的神話。記得嗎？那位可憐的笨人不斷地把一塊大石頭推往山上，每次快到達山頂時，就會滾落下來，他只好重頭再來。

當然，我們有時也會覺得白忙一場。我們卯足了全力，卻一直與同一課程奮鬥好幾年。有趣的是，當我們最後決定放下時，那個比喻就不再具有任何意義了，因為我

們已願意讓一直想要推往山頂的大石頭安息在山底的濠溝裡，或是，我們樂於倒空口袋，讓所有的小石頭都掉落沙堆裡。兩者都是同一回事。

負擔必須卸下，它們天生就是要人扛的，它們天生也是要人丟掉的，這是它們的存在本質。凡是我們需要的人生課程，就會不斷呈現眼前。但那位推大石頭的薛西弗斯，或是撿石頭的老人，是聽不進去這話的！我們也一樣聽不進去。今天有工作的問題，明天則是先生老婆或小孩的問題，問題永無終止，對否？

對的！問題總是層出不窮，我們無法阻止它們發生。不管我們如何擅於整理家務，也永遠無法把外在環境完全清理乾淨。因為，總會有人把蛋打破在新地毯上，或是倒翻醬油。但是，若沒有翻灑滿地的醬油，生活將會是什麼模樣呢？老實說，你是否願意把這種血肉人生裡的冒險跟另一種一成不變的人生交換？若生活既無痛苦也無趣味，既無奮苦掙扎也無學習，你受得了那種刻板無味的生活嗎？

坦白說，這一生仍有些東西是值得珍惜的，即使在成堆的糞土中，仍有青草滋生其間，陽光雲影徘徊其上，潺

潺水流徜徉其旁。所以，在痛苦之下，愛仍在滋長，而愛正是我們所渴望的。

本書談及如何穿越痛苦而獲得愛，如何把生活的黑暗面帶向光明。我們無意忽視黑暗，亦非忘掉光明，而是讓兩者並存，讓自己與自身的所有矛盾共處，那才是真正的治癒之道。

為何我們需要寬恕？因為每個人都在不斷譴責自己，每個人都為了化解自我憎恨的問題而把自己應負的責任投射到別人身上。但那是徒勞無益的，即使將別人捲進來，自我憎恨依然存在。攻擊別人或防衛別人的攻擊並不會減少我們根深柢固的自我批判，我們每個人內心深處裡都有一個受傷的小孩有待治癒。

寬恕十二招提供給這小孩一個治癒的機會，只要我們繼續批判自己或別人，我們就得終其一生練習寬恕的課程。我們不可能立刻停止批判，但不妨去看看我們是如何受自己的批判所傷，然後藉著接納自我，把愛帶到內心受傷之處。任何接納的表示都能平撫我們所作的批判，任何接納的表示都能打開我們內心去迎接愛，讓愛來治癒所有的創傷。

在一生當中，很多的境遇和人際關係都提供我們一個大好契機去選擇恐懼或愛。若選擇愛，我們就祝福了自己和別人。若選擇恐懼，我們只好繼續留在那傷痛中向愛哀號。任何攻擊的外表其實都是在呼求愛，生活的每個危機其實都是在祈求治癒。

任何思想或行為，即使居心不良，都不足以將我們打入苦難地獄。因為，就在這一刻，我們能重新選擇。如果耶穌能夠選擇去愛那些把他釘上十字架的人，如果他能夠在那些人中看到了基督聖容，我們怎會看不見呢？耶穌的生活本身是一個強而有力的教誨，那並不只因為他向我們顯示光明，而是因為他顯示出我們也可以將黑暗帶向光明。

耶穌並不是要我們否認自己的恐懼，只是教我們如何穿越恐懼。不要以為他不受誘惑或不知懷疑，他在沙漠中受了四十天的誘惑，也曾在十字架上哀號：「主啊！你為何遺棄我？」他是人，有身體，也能感受到痛苦。你不能說他不知苦痛之深，他是知道的。但是，面對這一切，他選擇了愛和寬恕，那就是他為何成為天人之師的主因。

但是，本書所談論的並非耶穌或任何人的特殊稟賦，

而是每一個人想要找回心靈平安的一個必經過程。為此，旅途中的每位弟兄姊妹都提供了我們學習的機會。

## 寬恕的四大原則

1) 寬恕是要先從自己的內心開始。唯有寬恕了自己，我們才能寬恕別人，或接受別人的寬恕。

2) 寬恕原是無條件的，雖然我們往往在學習寬恕的過程中難免還會附加一些條件。

3) 寬恕是永無止境的過程。我們對自己或別人所作的任何批判，都須不斷地以寬恕來回應。

4) 只要表達出寬恕的心意就已綽綽有餘了，不管我們此刻能做到什麼程度，都已經很好了。這份體諒使我們能懷著寬恕的心態來練習寬恕。

# 第一要訣：對自己的平安負責

　　當你對自己的平安負責時，便會了解你所有的想法或感覺都是出於你自己，雖然其他人好像會影響你的快樂或悲傷，但若因而認定別人應該對你的生活負起責任的信念，則只是看到表相而已，那是真實本體受到扭曲後所呈現出來的表相，也是《奇蹟課程》書中所說的幻覺，而不是真正的實相。

　　不可否認的，我們每個人都有往外尋求滿足的傾向，也有為自己的問題而責怪別人的傾向。往外尋求喜樂或寬恕，必會失望，因為這兩者都不在自心之外。

若能向內找到喜樂，我的喜樂就不受侷限，既不依賴那些與我一起生活的人，也不依賴愛我的人，更不必等別人來喜歡我或公平待我。我的喜樂是一種很深的自信：「我知道現在的我，沒有問題。」那是對自己生命本質的肯定，而這僅能來自於我自己。

　　同理，當我由內找到寬恕時，則生活中唯一必要的改變也會由內而生。我不必試著改變你，也不必改變生活的外在環境。寬恕自己就會帶來釋放，因為它沒有任何條件限制，它說：「我承認自己的過錯，並從中學習。我的過錯不會把我打入地獄，我只是接受這一課，不再批判。」我生活中沒有一種衝突是無法透過自我寬恕而帶來平安的，別人的寬恕常是浮泛而表面的，自我的寬恕才能打入心底，使我當下就能為我自己的生活負起責任來。

　　適切地說，我們總共只有三種意識狀態：一種是愛，它是永恆且無條件的。另一種是恐懼，它是短暫且有條件的。最後一種是寬恕，它是由恐懼的幻相邁向愛之實相的橋樑。由恐懼轉向愛的意思是：當恐懼來臨時，認清自己的恐懼，而後穿越過去；它的意思是：當批判產生時，認清自己的批判並設法化解它；它的意思是：當聽到自己在呼求愛時，試著答覆它的呼求。

人生的旅程，不論從哪個角度來看，它的本質都是孤獨的。但是，它們都要我對生活的種種擔起最後的責任，要我接納我目前的現狀。若非如此，我就無法真正與兄弟姐妹們和解，也無法與真神和解。

　　因此，寬恕過程的第一大步，可分成三個階段，一是自我接納，接著是自我寬恕，然後是自我負責。它要我現在就收回生命的主權，完完全全地接受它的原貌，而不予以批判；分分秒秒地疼愛自己，因一切都出自於我。

你所有的想法或感覺都是出於你自己，雖然其他人好像會影響你的快樂或悲傷，但若因而認定別人應該對你的生活負起責任的信念，則只是看到表相而已。

## 心靈隨筆

# 第一招 承認恐懼

一旦承認了自己的恐懼、悲傷、痛苦、創傷、退縮、嫉妒、憤怒，和分裂感，我們便已踏上這趟寬恕之旅了，既不再為那些感覺辯護，也不譴責它們，只是允許自己察覺到它們的存在。下列的方式能幫助我們與那些感覺同在，而不逃避（否認它們），或是歸咎於外在原因（投射它們）。

■ 承認我們的感覺。
■ 不為那些感覺辯解或自責。
■ 接受感覺，並允許自己去感受它。
■ 讓感覺對我們訴說。
■ 尊重感覺，把它當成一種內在的溝通。
■ 對自己的感覺負責。如「我」感到生氣、悲傷、受到傷害等。
■ 不要求別人對我們的感受負責，自己始終與感受同在。
■ 不把感受理性化。知道自己「為何」會這樣感覺並不重要。
■ 當與感受同在時，便不難覺察到自己此刻缺乏愛心，不論是對自己或別人。
■ 允許這訊息滲入心內，與此感覺同在，直到它開始轉變。

我們必須明白，每個負面感覺都是因為缺乏愛的緣故，而那個愛最終必須由內給出，這就是為何我們不該向

外尋找，不該迴避感覺，反而應進入感覺裡。我們要面對的事實是：我們渴望愛，卻感受不到愛或被愛。所以，我們必須與那空虛在一起，也就是那啃噬著我們的欠缺感。與空虛在一起，我們才有機會看到它的背後，學會由另一個角度去認識它，只有在它那兒，才能找到我們自以為失去的愛。

愛的泉源不在表面，它在內心最深處，與我們的痛苦一樣深。神聖的母親隱身於黑暗的地窖裡，我們必須走入地窖才能找到她，而且必須穿越我們的恐懼、憤怒和愧疚，才能感受到她無條件的愛。那正是我們下達之路，是我們旅程的一半。除非我們學會與自己的恐懼和分裂感同在，否則我們便無法擁抱愛。我們必須切確地正視自己當前的心理情緒狀態。

我們生氣時卻假裝沒有生氣，這是毫無意義的，但我們卻經常如此：

「我沒有生氣！」（否認）
「是你在生氣！」（投射）

為何我如此難以向你或自己承認：我正在生氣，或我

此刻受恐懼侵襲？我認為只有自己才會有這種經驗嗎？我顯然如此認為，而你也是。而且，我們顯然都想讓對方留下好印象，其實此時的我們真正需要的只是對方的撫慰。若有一人鼓起勇氣說：「嘸！我此刻真的很害怕。」另一人可能會接著說：「我也是。」但是，我卻以為對方會說：「我早就告訴過你了，笨蛋！都是你自找的麻煩。」這就是為何我不敢說出自己感覺的原因。

所以，幫彼此擺脫「否認」的陰影，確實不是一件易事。幻覺就是建立在這種否認之上的，那是一個灌滿流砂的基地，它肇始於一個簡單的妄念，最後愈搞愈複雜。只要出現了一個攻擊，一連串的攻擊就會接踵而至，每一個人都把自己的攻擊辯解成自衛，聖經中巴貝爾塔的建立就是以恐懼為前提的。

至此，我們都同意去感受自己的恐懼了，因為否認恐懼成了一切幻覺的溫床，世上各種不平等的現象都是源自於我們心理上的這種否認。感受自己的恐懼並承認它，那是我們和眾兄弟姊妹完全平等的時刻，也是我們全都純潔無罪，全都有選擇的自由，而且彼此相互依存的時刻。這個時刻不斷降臨我們身上。我們也了解，每個選擇都是在愛和恐懼之間作抉擇。但是，除非自己先承認恐懼的存

在，否則我們無法開始接近自己的愛。

　　隨著本書一步步前進時，你將會看到生活的水平已逐漸由恐懼而移向愛，即使在此地，也就是我們每一個人都擁有的起點上，愛已經臨在了。在這一階段裡，我們移除了阻礙真愛來臨的第一個障礙，那個障礙並不是恐懼，而是我們對恐懼的否認。

　　寬恕的第一招是允許自己害怕，和感受自己所有的感覺。若我們不敢體驗它，就無法穿越自己的恐懼，那正是我們扛著十字架走上山嶺的時刻，就像我們兄長耶穌曾做過的。去感受恐懼，我們方能穿越它，愛會在那兒呼喚著我們，有如晨曦中一個溫柔的許諾。

每個選擇都是在愛和恐懼之間作抉擇。但是，除非自己先承認恐懼的存在，否則我們無法開始接近自己的愛。

_____

_____

_____

_____

_____

_____

_____

_____

_____

_____

_____

_____

# 第二招　了解自己渴望的是愛

　　我以為自己渴望的不過是更多的金錢、更多的性快感、更大的肯定，或更加健康，其實我真正渴望的只是愛。我以為只要證明你是錯的，我就變對了，其實我真正渴望的是愛。我以為你若因所犯的罪過而受罰，我就會覺得好受些，但我真正渴望的其實是愛。

　　我的朋友，我真正渴望的不過是你的愛！我若對你的愛有信心，其他的事情都好談，我好歹都會找到某個方式來接受它們並加以解決。追求完美的人們常須付出相當大的代價，才會懂得完美是不存在的。別人不是為了使我們

快樂而來的，他們只是來幫助我們學習。在這依稀猶記的目標下，有一種愛的記憶將我們緊密結合在一起。

我們來此是為了愛和學習，而不是被強迫學習或去愛的，因此，讓我們彼此自然地互動，一方出現時，另一方也會隨之出現。生活未必會按照我所想要的方式進行，有時我要你取悅我，但你進入我的生活是為了喚醒我，你純粹是來此幫我學習自我負責的。我們共舞的方式是，我不斷要你給我想要的東西，但你卻經常藉故跳開。於是，我開始認為你不愛我了，並對你產生怨恨，我憤恨是因為我認為你故意不肯滿足我的需求。

然而，你不是為了滿足我的需求而來的，你只是幫我看到自己的需求，我才能學會去滿足自己的需求，這才是你來此世的目的。當你的目的完成時，我們雙方都會因你而獲得自由。

你知道嗎？我以為我想要你滿足我的需求，但那不是真的。其實我是希望你能滿足你自己的需求，我要你快樂。你若離開我，我只想知道你並不是拒絕我，我只想知道，你是愛我的。一旦我知道了，就不會擋住你的去路。事實上，我將打開門，並為你祝福。

我不願你為了我而老做違背你自己心願的事，我也不願活得有違自己的心願。我知道我們全都有選擇的自由，無論你作何種選擇，我只想知道你仍愛著我。那是我內在小孩的需求，即使我逐漸老去，那個內在小孩不會因而消失。他的胃口只會愈來愈大，在我內心裡更加橫行霸道。他會索求他所需要的，不再羞於啟口。他以前會玩些伎倆來控制和爭取想要的東西，那是因為他未曾被聆聽。現在，他知道我在聽，所以他只要求一件非常簡單的事：「我只想知道你愛我。」

　　當我陷入痛苦、混亂、受傷、悲傷時，我只想知道我仍被愛著。我只要知道這一點，痛苦就會開始減退，疏離感就會逐漸彌合。只要我知道自己是被愛的，情況就會有所轉機。但是除非我先明白自己渴望的是愛，而且有勇氣要求愛，否則我的生活不可能有任何轉機。

　　我所有的感覺，不過是內心傳遞給自己的訊息罷了，那訊息便是：我不覺得愛自己，也不覺得愛別人。有時我過度膨脹自己，有時又不夠開放。有時讓自己被人踩，有時又去踩別人的腳趾。我不覺得被愛，也不覺得自己有愛心。這都是我應該看清的事實。看清之後，我必須作一選擇：「我渴望的原是愛。」除非我此刻下此決心，否則我

無法繼續這趟寬恕之旅。

是的，感到痛苦，並沒有關係。那只是在告訴我，我渴望愛。疏離、生氣、嫉妒、罪惡、悲傷等感受，也不過是在告訴自己，我渴望的是愛。

奇妙的是，當我不再辯護或譴責自己的感覺時，它們就會帶領我到那只能被愛填注的空虛之處，而愛總是先從自己的心內開始萌生。你的愛可能會適時加入，但我無法依賴你的愛。當我開始愛自己時，愛就會進來，而且當我開始愛你時，愛也會進來。

所以第二招幫助我認清我渴望的是愛，而且我能夠給自己這份愛，這份認識便啟動了下一個階段。

你不是為了滿足我的需求而來的，你只是幫我看到
自己的需求，我才能學會去滿足自己的需求。

# 第三招　收回投射

　　在第一招裡，我學會與自己的感覺同在，但仍會認定那些感覺都是你挑起的。在第二招裡，我懂得自己渴望的是愛，但仍慣於期待你來給予這一份愛。

　　我的舊模式要你對我的感覺負責，我的舊模式要你為我解決問題或幫你解決問題，我的舊模式會責怪你不夠愛我，而那正是要你為我所需要的愛負責任的另一種手腕。所以，我的下一個心理動作是，知道我所渴望的愛不能靠你來給。你或許願意給，或許不願給，這是你的選擇，我不能左右你。我若對你施加壓力或讓你感到內疚，企圖藉

此來控制你，那只會降低你真心愛我的可能性。

我若想要得到你的愛，就必須放你自由。即使得不到，我也必須心甘情願地釋放你。我必須願意往心內尋找愛，而不是向外找。說起來容易，但實際去做時卻很困難，因為我必須走入內心的黑洞，去尋找隱藏在那裡的光明，我必須穿越所有陳舊創傷的陰森洞穴，去尋找在身內隱隱燃燒的「自我肯定」這一微光。

我原以為寬恕是一件輕而易舉的事，只要明白了我渴望愛並要求愛，它就會以王子或公主之姿騎著白馬來到我身旁。現在，我才明白，那也是一種幻覺。

相反地，它要求我當個煤礦工，穿上層層保護衣，彎著腰身，進入地底核心去尋找我假定擁有的光明。我無法確定那裡是否真有光明，若有，我也無法確定自己必會找到它。只要有此保證，我就願意一試。但如今那個保證飛出了窗外，我不敢確定自己是否還願意去試。我以為往下挖瘡疤的苦路已經結束了。拜託！放我一馬吧！能不能跳過這一招直接進入下一招？

這種念頭，是不是很熟悉？

如果得不到自己所渴望的東西，我就不能肯定自己是否要接受這個學說。舊約裡的約伯（Job）也遇過同樣的挑戰，只是境況正好相反，當他感到終於成功地取悅了上主時，卻被整得體無完膚。我們都有向外尋求肯定的傾向，一旦不能如願或遇到新的挑戰時，我們就會覺得自己一敗塗地，或覺得自己怎麼這麼笨，當初竟會相信上天會拉我們一把。

若我要求愛，而你也愛我時，我就以為自己完成了靈性的功課，並感謝上主的祝福，讓我在短短兩招內完成了別人須修練十二招才能做完的功課。或許這就是為什麼宇宙的輪轉並不是經常配合我們個人的時間表或欲望吧！我們仍有許多功課要做，因為外在環境不會一直如我們所願。

我們必須明白自己心內的真相，必須找到愛的源頭，而非終點。所以，我們的欲求和計劃有時會受阻，甚至被擊得粉碎，我們所有的目標和對自己的看法都在我們眼前幻滅，我們只能如約伯一樣目瞪口呆地坐在那裡，「主啊！你還要我做什麼呢？」

舊答案說：「我要你唸十五遍聖母經，親吻一百隻大

象的屁股，並捐款給宗教團體。」現在，我們變聰明了，可能是太多象毛黏在我們的臉上了吧！繼 Jim Jones, Ragneesh, Jim Baker, Swami Rama, 和 Werner Erhard 等這類出了紙漏的宣道家之後，我們稍微敢去質疑外在的權威了。（嘿！我們不是反對那些權威，他們來此也是為了學習與我們一樣的課程。）我們遲早會發現，沒有任何人能給我們答案。但是，除非我們能看到這個事實，否則我們會繼續被第三眼或第三腳騙得團團轉。

因此，即使你不愛我，我仍在這裡，那是我無法改變的事實，即使自殺也無法改變它，因為無論我身在何處，那就是我。存在的形式並不重要，形式是跟著內涵而來的。而且，只要我對實相仍有誤解，就會引來一些事件，幫我修正這個錯誤的見解。

自由與擺脫身體是毫不相干的，自由意即放下虛幻不實之物。如果你在身體內無法自由，那麼無論到哪裡都自由不了，因為身體只是來去無常的表相而已。這就是我。讓我的生命飛躍的唯一方法，就是接受我生命的現狀、接受自己和你目前的現狀，我的心靈就會從此開放，我的愛也會由此萌芽。

當我從你身上收回投射時，我了解到，我對你的喜歡或討厭與我此生的學習毫無關係。若喜歡你，我會認為你是來陪我作伴的；若討厭你，我會認為你是來折磨我的。那些想法其實毫無不同，只是一道光譜的不同兩端而已。

　　一個舉止會引發欲望，下一個舉止又會帶來恐懼，這兩種情緒在我們一生中就像蹺蹺板一般不停地上下擺動。因為欲望是因著你對特殊關係的信念而引燃的，不論哪一種欲望，都是出自「欠缺」的觀念。我本身欠缺某物，所以我要你給。你看，那又是基於恐懼。如果欲望未獲滿足，我就會憤怒或難過，在恐懼的漩渦裡抽不出身來。

　　我們喜歡把自己的渴望美化為靈性層面的事，才有「渴望上主」之說，其實這是說不通的。只要是欲望，就有執著，上主便沒有存在的餘地。上主只能降臨於空虛之位，而不是壅塞之處。

　　火焰是從我們內心開始燃燒的，而我們與真神的關係也是源自心靈深處的孤寂和渴望。當我們明白自己無法從身外獲得滿足時，才有可能察覺到真神的存在。我遲早會懂得，你無法給予我根本沒有的東西，而且你也無法取走我生命裡不可欠缺之物。你所給我的任何東西都是幻相，

而你從我身上取走的也都是幻相。

我有的，你也有；我沒有的，你也沒有，那是整個造化的神聖結構，建築在全然平等的基礎上。凡是有違這存在性平等的，都是我們自己造成的扭曲。除非能夠識破隱藏在自己身後的種種幻覺，否則我們無法與神的計劃和諧共存。也唯有如此，我們才能夠看到真相。

我們難以面對的事實（但遲早必須面對，故不如現在就去面對它），即是我們與任何人的關係都是兄弟姊妹的關係，不論我們稱那人為耶穌，或是希特勒。

譴責希特勒的那一部分的我，也同樣會譴責自己或兄弟姊妹的過錯。不論我們是在找代罪羔羊，或是否認自己把黑暗帶向光明，都表示我們已被幻相蒙蔽了。

把耶穌供奉得高高在上的那一部分的我，常會看到自己和別人一無是處。我相信正因耶穌已越過了他的恐懼，所以我不必穿越自己的恐懼。真是一派胡言！正因為他越過了他的恐懼，才能向我證實，我也有能力穿越自己的恐懼。

每當我們提昇或貶低某人時，這種心態就是在製造不

平等，而掩蓋了真相。每當我們認為某人能為我們提供答案，或是相信別人正在妨礙我們發揮潛能時，我們就已掉入了幻境。它們都不是真的，那裡永遠只有你和我，而且我們全都平等，但是我們卻不這麼認為。任何違反平等的舉動都是一種怪異而且有時相當陰險的舞步，但它遲早會把我們拉回來面對面，這正是我們目前的處境。

當我認清一切責任皆在我時，我才算練好第三招，此時我便成了世上通往愛的橋樑。唯有如此，我對愛的呼求才會得到回應。正因我向愛開放了，愛才能由我延伸出去；正因我延伸了愛，它才會重返我身上。

當我從你身上收回投射時，我了解到，我對你的喜歡或討厭與我此生的學習毫無關係。若喜歡你，我會認為你是來陪我作伴的；若討厭你，我會認為你是來折磨我的。那些想法其實毫無不同，只是一道光譜的不同兩端而已。

## 心靈隨筆

# 第四招　對自己負責

　　我愛自己的方式之一，就是開始對自己的生活現狀負責。無論外在的處境如何，都只是內心的一種反射而已。

　　我若無法接納生活現狀，煩惱就會生起。有時我會排斥某些人和某些情境，有時則過於依賴某些人或某些環境。「排斥」和「依賴」兩者都顯示出自己尚未真正的接納。

　　接納自己的生活未必表示不必改變生活，它是一定會變的，這個改變有時是可預期的，有時則無法預期。當需要改變時，就會改變，但是我目前的挑戰是在於接納現狀。感到痛苦嗎？沒關係，我就與痛苦在一起。感到悲傷嗎？沒關係，我就與悲傷在一起。

　　生活裡沒有「應該怎樣才對」，只有「當前的狀態」，這樣就夠了。若覺得光這樣似乎不夠，或者太多了，那是由於我們舊有的看法在作祟。我們的信念不過是一種看的方式，而它們一向有待修正，因為我們一向都是透過渴望或恐懼去看事情的。

靈修最重要的就是讓一切真實顯現出來，既不詮釋，也不美化，更不批判。這不讓小我 (ego) 心臟病發作才怪。想像得出小我不批判、比較、詮釋的情形嗎？那麼它還能做什麼？除此之外，它甚麼也不會。

　　目前我們需要練習的，就是看到小我在批判和詮釋，卻不加以抑止，因為一旦試圖阻止小我的批判，你便已製造出另一種批判了。因此，我們只是接受小我做它該做的事，只要看住它即可，那不過是我們內在受傷的小孩正在哭求關心，他渴望愛，卻不知如何要求愛，只會嘮嘮叨叨地抱怨著。沒關係的，朋友！你聽清楚了嗎？活在小我裡是沒關係的，因為我們全都活在小我裡！我們百分之九十的時間都是處在欲望或恐懼之中（我們已說過，欲望只是另一種形式的恐懼而已），我們全都如此，沒甚麼不好意思的。

　　認清自己當前的真相，我們才能成為生活的見證。見證就是活在當下，觀看心靈之舞。除非我們讓它盡情舞出自己，否則它是不會停止的。所以，「觀」成了一種靈修，一種發自心靈深處悲憫自己和別人的修持。

　　你看，我們有甚麼，這就是我們所有的一切了，不必

設法除去任何東西，也無需設法為它加料，只須與它同在，直到了解它為止。我們愈了解欲望和恐懼，就愈不受它們的控制，那不是因為我們做了什麼事，而是經由練習之後，它自然而然發生的。

請不要忘了，我們的目標並非改變世界，甚至不是改變自己，而是改變對世界和對自己的認知。我們的目標只是用愛的眼光代替恐懼的眼光去看而已。這是一種不同的觀看方式，一種更客觀的觀看方式，一種不執著於肉眼所見的觀看方式。那正是我們的修持，它與許多傳統修持法是相通的。

所以，自我負責即是接受自己生活的現狀，換言之，我不必浪費精力去改變生活的外在形式，也不再等待別人的鼓勵，作為自己改變的動機。果真有所改變，它必然出自內心，來自於耐心且誠實地活在當下的結果。

面對負面處境的最佳方法，並非逃離它，而是正面穿越過去。它之所以顯得如此負面，乃是因為我忘了自己和兄弟姊妹們的純潔無罪。為何要因自己和別人的恐懼而坐立不安呢？

我看到的任何事物絕不是我所想的那樣，我所看到的一切毫無意義。恐懼是我根據過去記憶所作的詮釋而產生的，其實任何時刻都是全然完整且自由的一刻，就在這一刻中，我重新有了選擇的機會。我究竟犯了多少錯誤並不重要，重要的是我不再把它們扛在身上，即使我以為自己還扛著它們。每一刻我都有選擇的自由，都有對自己生活負責的自由。

　　讓我懷著耐心和信心向前走。不論走上哪一條路，我必會找出它通往何處，即使闖入死巷，也不是一種損失。沒有一條道路是最後的路，每條道路都會帶來我們註定該學的人生課程。當所有的課程都學完了，就不再需要任何路，也不再需要任何形式了。

　　活在小我裡，時時刻刻都在欲望或恐懼中造境，但即便如此，也沒有關係。那就是我的現狀，我對此負責。我不必改變任何事，只需察覺自己正在做的事就夠了。

自我負責即是接受自己生活的現狀，換言之，我不必浪費精力去改變生活的外在形式，也不再等待別人的鼓勵，作為自己改變的動機。

✍ 心靈隨筆

# 第二要訣：找回你我平等之處

找回「你我平等」的關鍵，即繫於我們個人如何練習自我負責。只要我們對自己的生活負責，就不會把不適當的期待加在別人身上，或把不必要的重擔攬到自己身上。

正如我練習自我負責時仍然常常犯錯，同樣的，在人際關係上我也難免犯錯。我會在這件事上承擔過多責任，在另一件事上卻不夠負責。在這件事上，我也許撈過了界；在另一件事上，卻裹足不前。當你需要自己決定時，我卻急著替你作決定；當我該自己決定時，卻又讓你來替我作決定，於是權責本應分明的那條界線，便因而模糊不清了，最後遂淪入心理學上「暴力」(abuse)以及「依存共生」(co-dependence)這兩種下場。

我發現自己不斷失去與別人平等的意識，我在此處被人捧，卻在別處受人貶，不論哪一種待遇，都讓我覺得不對勁。我渴望與大家平起平坐、面對面平等相待，但若要達此境地，唯一的方式便是對所發生的事負起責任來。

此刻，我感到被你傷害，但我了解你不是造成我受傷的主因，我的傷在你碰觸到我這敏感地帶以前早已存在。

或許，我對你生氣是因為你令我失望，但你並不是造成我失望的主因，而是我對你的期待構成了我被排斥的感受，而你正好路經我這一程。你像一面鏡子般地出現，讓我看清自己的期待是有問題的。我無法改變你已做或未做的事，但能改變我對你的期待。

我既然無法改變你，那麼我唯一能做的只有接納。我若不接納你的真相，就會失去自己內心的平安。

耶穌說：「己所欲，施於人。」這是最根本的靈性修持，它和自我負責同樣重要。只要你批判別人，你就干擾了自己內心的平安，因為你作的任何批判都會變成自我批判。你若接納了別人，就等於祝福了自己，因為你所施予的必會重返自己身上。

重要的是，你該了解：任何想法都會返回原處。投射只是幻相，我憎恨你身上的某個特質，但那個憎恨仍留存於我內。我以為憎恨已跑到你身上了，然而唯有你接收下來，才會如此。你若根本沒有察覺到我的憎恨，它就黏不住你。

任何想法都會返回原處。我無法面對你，那是因為我

無法面對自己；我認為你應該受責備，那是因為我還沒準備好面對自己的愧疚。

在生活中，我對別人的任何反應都是我的一面鏡子。我在你身上看到自己無法接受的一面時，等於告訴我，那正是我不願意接受自己的部分。凡是你無法滿足我所期待的，無異於提醒我，那正是我必須給予自己的。

任何人際關係若非為我們訂製了一個學習環境，就是訂製了一個自我折磨的環境。我若能從你眼中看清自己，表示我確實有成長的願心；而如果我所看到的全都是你的毛病，表示我已經拒絕了一個放下自我懷疑的機會。

我一向把你當成我無法成長的藉口，但是這樣並無法改變任何事情。無論我如何諉罪於你，我的成長終究是我自己的責任。你若笨到接受那根本不屬於你的責任，不過顯示出你也有必要去學習如何只為自己負責。婚姻關係中，不論誰強勢，誰弱勢，都有相同的人生課程，他們所演出的不過是同一場戲的正反角色而已。道家有一種說法：對立的兩端並不像我們所想的那麼遙遠。

所以，找回你我平等之處就等於在練習失去平等，失

去平等就等於練習找回平等。不信的話，你不妨問自己：「若未曾失去，我怎麼可能找回來呢？」如果沒有失去的感覺，就沒有什麼東西可找。若有失去的感覺，那麼它必定來自記憶裡那從未失落的一刻，「如果不曾擁有，我怎麼可能失去呢？」

平等是真實的，不平等才是假的，但是藉由不平等，我才能學習平等。當我真正了解平等時，就會明白它其實一直都存在著，我並未曾失去過它，我只是誤以為失去而已。

「以為我已經失去了」以及「明白我從未真正失去」，涵括了寬恕的整個內涵，也就是從第一招「承認我在生氣」，到最後一招「對始終存在的內在平安敞開心靈」。當我了解到沒有什麼好寬恕的，我才會知道我終獲寬恕了。《奇蹟課程》說：「凡是真實的，不受任何威脅；凡是不真實的，根本就不存在。」

我從未失去自己的純潔無罪，我的兄弟姊妹亦然，我們只是在一剎那，或是一、二天，甚且一輩子失去它似的。然而，時間的長短並不重要，因為只要我們清醒過來，那個夢就被遺忘了。活在幻相裡，不會使你變壞，只

會延續你的痛苦。當你準備好時，你自然會放下那個痛苦。你一旦這麼做了，那麼你苦過兩分鐘或十年都不重要了，因為它已經不存在。

把這份理解應用在我們的人際關係上，不是一件容易的事。物質世界的種種以及我們對世界的看法，都是我們自己加上去的；同樣的，我們的人際關係和所有喜怒哀樂也是我們自找的。或許我們還沒準備好去看清這一切不過是一場不平等的夢魘。只要我們一生氣，那就是我們的世界。

所有的痛苦都是因為我們著眼於某些根本不存在的東西，而我們之所以認定它們存在，是因為我們的想法與信念老是在某些特定的人或境上繞不出來，更因為那些人或境都陷於同一個關係裡，使我們更加肯定自己的觀念是可靠的。其實，這樣做，不過是招募了一堆新角色，使事情更戲劇化、複雜化而已。

因此，我們必須認清一個事實：我們都在編導自己的電影，而且我們在銀幕上所看到的一切，都是自己潛在意識的反射。然而，同時我們也必須明白，我們的電影並不是唯一的一部。在我們電影裡出現的那些演員或技術人員

也一樣在編導他們自己的電影，我們也在他們的電影裡扮演某個角色或攝影師。你可看過黑澤明(Akira Kurosawa)的電影「羅生門」，它即曾以極其悲憫而抒情的手法表達了這一觀念。

我們之間雖無絕對的界線，但除非我們承認自己經驗的有限，並尊重別人的經驗，否則我們是不可能合一的。我們不必同意彼此的意見，但務必彼此尊重。只要彼此相互尊重，我們是可能達成某種程度的協議。缺少了尊重，亦即缺少了「健康而合理的界線」，那麼協議就成了強迫性的了，而「被迫的協議」是多麼諷刺的名詞。

找出彼此的平等，就是承認觀看事物的角度有很多種，而我們知道的只是其中一種而已。傾聽別人，尊重他們的想法和經驗，能幫助我們向更廣大的實相開放，能使我們打開觀念的牢獄，而自由地走向光天化日。它幫助我們了解自己知識的有限，使我們得以邁向未知的世界，不論是踽踽獨行，或是攜手並進。

找出彼此的平等，就是承認觀看事物的角度有很多種，而我們知道的只是其中一種而已。傾聽別人，尊重他們的想法和經驗，能幫助我們向更廣大的實相開放。

## 心靈隨筆

# 第五招　放下自我批判和內疚

　　有意無意之間，我常會打擊自己，我可能會認為自己是在攻擊你，這不過是種幻相而已。當然，有時你也會掉進這個幻相，而予以反擊，這就是世界的運作方式。然而，事實上，我無法攻擊你，只可能攻擊自己，因為我投射到你身上的每件事都會回到自己身上。思想本身是一個完美的回力棒，它總是返回投擲者的手中。

　　那絕對不是懲罰！很多人，甚至那些相信因果輪迴的人，都不了解：沒有人會因自身的罪而受罰的，他只是收回自己施放出去的東西而已，如此，他才能覺察它的存

在。若他放出去憤怒，憤怒就會返回他身上，因為他必須對自己的憤怒負責，他必須收回自己放出的一切。唯有如此，才有釋放它的機會。

這法則相當簡單，我們不必為此而相互攻擊，也不必說：「你又來這一套，混蛋！我知道你會遭到報應的。」我們不必代天行道，沒有人要我們扮演神的角色。我只須了解：我們會繼續犯錯，直到我們學會自己的課程為止。我們會不斷把各種正面與負面特質投射到別人身上，除非我們願意承認那些正負面特質原是我們自己的。我們將不斷攻擊別人，直到我們看清自己的攻擊為止。

承認自己正在攻擊別人，才能制止這個惡性循環，我說：「好吧，憤怒，我知道你屬於我，我不必再假裝下去，把你當成別人的問題。」這並不是說，我不再表現憤怒。若有憤怒，我有責任把它表現出來，但我必須明白那憤怒是我自己的憤怒，這樣我就不必發洩出去，逮住一個內疚很深的人來接收我的憤怒，然後他再以某種沉默怨懟的方式丟回給我。

我對那個憤怒負責時，就會了解我攻擊的對象是我自己，而不是你。而且，我不會迷失在自己的投射裡，或至

少在我負責的那一刻，我不會迷失了自己。目前，我們還不可能做到自始至終地負責，也不可能徹底負起全部的責任，有時我會攻擊，有時則會承認自己在攻擊。當我攻擊你時，我感到內疚，因為我相信我有傷害你的能力。這個內疚會尾隨著我，當你或其他人若正巧在此刻攻擊我，我的內疚就會向你的攻擊接招，這一切簡直詭異得難以理解。

每當我攻擊你時，自己便會感到很惡劣，那使我淪為下一個被攻擊的目標。滿懷憤怒的陌生人在我路過時，會嗅出一個可能的攻擊對象出現了，連德國牧羊犬也能嗅到這個氣味！

每攻擊你一次，便加深自己一些內疚。不信的話，不妨閱讀杜斯妥也夫斯基的《罪與罰》。這本小說的主角企圖創造一個完美的罪行，他相信倘若他是為了一個「很好的理由」而殺人，就不會覺得有罪，結果不然。他雖然脫罪了，未被逮捕，但因無法面對這罪惡感，最後不得不自首。那是我們全都必須做的：自首。只要我們攻擊，就必須記住，我們正在定自己的罪。

別再為自己的行為辯護了！我們知道攻擊是無法自圓

其說的，所以讓我們負起治癒別人和自己的責任，說：「兄弟，我做錯了，我攻擊你是因為我害怕。我以為自己有權利攻擊你，但是我錯了，原諒我，請幫我走回正軌。」當我將自己的攻擊轉變為愛的呼求時，我的兄弟姊妹們才會容許我接近他們，這是和解的表態。

我若承認自己的攻擊並負起修正的責任時，自己的罪惡感就無從建立。我若一味為自己的攻擊辯護並拒絕修正，內疚反而更深了。始終拒絕承認錯誤且不願從錯誤中學習的人，一定會滋生出「慢性罪疚症」，沒有人會毫無理由地甘心成為別人拳打腳踢的沙包，然而，那個理由經常隱藏在內心深處，不可告人。

我對你的每個攻擊，其實都是在攻擊自己，那個攻擊可能以一個非常微妙的批判形式出現。然而，它如果一再重覆出現，就等於不斷告訴我自己：我還不夠好！自尊心不足的人通常就是喜歡批判別人的人，這絕非巧合。愈是批判別人，在潛意識裡就愈會批判自己。

所有的投射都會返回原處，這就是內疚的運作法則。在某一層面上，它不願意我們放下攻擊。我們在攻擊別人時，心靈深處多少都會覺得自己該對攻擊負起一些責任。

只要意識到這一責任，我們就開始治癒了。我們若還想把它藏在潛意識裡，就會吸引某些事件，迫使我們不只意識到自己對別人的侵犯，而且意識到隱藏在它下面的自我憎恨。

內疚與責任感是互不相容的，內疚抓著傷痛不放，不讓它痊癒，責任感則是邁向治癒的第一步。若要放下自我批判和內疚，我們必須先對攻擊別人之舉負起責任，必須在投射發生之際馬上意識到自己的投射。只要意識到自己的攻擊，我們便能看到隱藏在攻擊背後的原因，我們會看到自己的恐懼、自己的批判和自慚形穢的感覺，我們還會看到自己心靈深處對愛的呼喚。

這正是關鍵所在，除非我們明白自己所有的黑暗不過是在呼求光明，所有的憤怒和傷害都是在呼求愛，否則我們根本不可能開始寬恕自己。我們必須認清這一點，否則上述的覺察都成了自我打擊。這種傷害是不可低估的！我們若把治癒的過程交給小我來處理，必會造成另一種傷害。唯有聖靈才配掌管我們治癒的過程，因為聖靈會一邊肯定我們，一邊鼓勵我們修正錯誤並從中學習。

我不會因攻擊你而成為邪惡的人，你也不會因攻擊我

而成為邪惡的人，我們之間的相互攻擊都是來自雙方內在自慚形穢的感覺，都是來自你我覺得不被人愛的感覺。認清這一點，就等於開始祈求恩典了，也就是開始試著以愛心的眼光來觀看一切，即使我們仍處身在黑暗中。

只要我還以所犯的錯誤來折磨自己或你時，我們的治癒就無法開始。錯誤本身並不重要，重要的是藉由錯誤來學習、成長和改變觀念。只要我能看到這一點，我的人生功課就學得不錯了，而你也是。從此，我才有了前進的踏板，並在這踏板上與人和解以及重建。也只有在這基礎上，我們才能真正開始治癒，寬恕所有的錯誤，並感激因錯誤所帶來的種種覺醒。

記住，責任感不會來自小我，內疚才是。內疚會不斷延續我們之間的隔閡，而使得傷口無法癒合，內疚會說：「無論我做什麼，都無法彌補我所犯的錯。」責任感則說：「既然是我劃下這傷口的，我就能癒合它。」辨明兩者的差異是很重要的。

許多新時代思潮被小我利用，淪為懲罰自己和別人的工具，而不是藉它來成長。許多生過重病的人很可能聽過這類無聊的勸言：「你的病是你自己造成的，是你的憤怒

帶給你癌症，而且因為你仍執著於自己的憤怒，所以你無法痊癒。」這豈非典型的在玩罪惡感的把戲嗎？那正是小我在播放「自我負責」的錄音帶，那是無法奏效的。

當聖靈來掌管責任感時，它使萬事萬物都活得心安理得，它讓你安心活在癌症或任何困境當中，那些都成了你成長的機會。它不會以外在的標準來衡量進步或退步，它只會說：「在那兒，你仍能找到內心的平安。」

所謂治癒，不過是說，放下自我批判和對過去錯誤的愧疚。其間包含了負責與寬容，它幫我們釋放了原本就不屬我們的東西。這好比是在洗滌我們批判別人卻還想自圓其說時黏在我們皮膚上的渣滓，它讓我們整個靈魂都浸潤在愛與接納裡。

如此，就會把我們帶到第六招。

我們在攻擊別人時，心靈深處多少都會覺得自己該對攻擊負起一些責任。只要意識到這一責任，我們就開始治癒了。

# 第六招　接納自己及待人如己

　　接納是一件很有趣的事，我們一面說：接納你的錯誤並從錯誤中學習，一面又說：此時此刻的你沒有問題。

　　其實，我們是說：接納你陰暗的一面，並把它帶入光明。你一帶入光明，黑暗就消失了。然而，如果未消失的話，將會怎樣呢？有時，我把黑暗帶向光明，消失的卻好像是光明，我被遺留在更深的黑暗裡，我該怎麼辦呢？

　　那時，我只有一個簡單的選擇：或是打擊自己，自認是失敗者，然後怪罪神明和世界；或是接納我現在的處

境：「我此刻在黑暗裡，好似看不見一絲光明。不過，沒關係，這正是我目前的處境，不必美化它，也無需自責。」

這麼做時，我立即變成了自己所尋找的那道光明。每一個自我接納的表態，都揭露了內在的光明，而且照亮了我的道路。即使只照亮腳前兩呎的路，也綽綽有餘了。只要我接納自己，下一步就會自動開啟。

真神的大愛、恩典、引導，無論你如何稱呼它，都須藉著你的自愛這個管道才能降臨你身上。當你接納自己的現狀，就已打開了那個管道；當你接納別人的現狀時，也會發生同樣的事。

通往平安之路一點都不困難，只要你願意依照下列方法練習：

1. **接納自己的現狀：**

你沒有問題，即使你正面臨很多的困難、痛苦和煩惱。你不必作任何改變，不必增添什麼，或消除什麼，此處此刻的你是完美的，讓這樣的認知進入心中。你若真能如此，所有的批判就會自動銷聲匿跡。

## 2. 接納別人的現狀：

他們也沒有問題，不論他們有甚麼習性或可靠與否。你不必改變他們，他們也不必改善自己來博取你的接納。他們無需你的認可，而你也無需他們的認可。他們沒有問題，而你也沒有問題。沒有誰對或誰錯，你們都是並肩而立。當你接納了別人，你的心靈就開放了。當你接納了別人，你對自己也會更加慈悲。

## 3. 接納你目前的生活現狀：

你不須改變生活的現狀，每一情境本身都是完美無缺的，所有的人際關係本身也一樣是完美無缺的，每一種人生課程都有助於你的成長，每一個外在障礙都在幫你深入愛的終極泉源。不必設法詮釋你的生活，否則你會發現有所缺失，其實你沒有失落任何東西。但是，不論是正面或反面的詮釋，都是你這一生必須突破的幻境。接受你的生活現狀，那麼所有不尊重自己或別人的理念都會銷聲匿跡，因為它們已經沒有立足之地了。唯有放下批判，你才能進入自己在內心留下的空間，愛就會像潮水般湧入。現在，你不再孤單，你的伙伴已經來了。

接納就是這麼簡單，但同時也是最難的一門學問。有了接納，小我才會讓路。有了接納，阻擋愛的障礙就會消失。這就是接納之路。凡是你無法接納的，你會抗拒到底，這種對立便成了你的束縛。凡是被你接納的，就會輕輕地進入你的心房。沒有任何東西強迫得了你，也沒有任何東西牽絆得住你。不論愛要你去哪裡，你都會欣然上道的。.

　　這必須一步一步來。每一刻，不是抗拒，就是執著。我們看著它來，看它掙扎，看到自己筋疲力盡，最後不得不放它走。我們讓內心的掙扎舞完它自己的那一套，它一向如此。因之，我們會愈來愈有耐性，更加寬容，也更輕鬆，學會平心靜氣地對待自己和別人。這好像稱不上甚麼大成就，但它確實偉大。當沒有任何事情阻擋平安蒞臨心中時，即使僅僅一剎那而已，我們都會感到渾身透出神性的光輝，不再有分別心與隔閡感。這就是接納以後的心境。

　　請記住，根據我們的經驗，只要接納了自己和弟兄姊妹們，必會重獲內心的平安，而在同時，我們也無時無刻不面臨挑戰的。我們並不把接納當成目標，只當成一種修練，因為就在修練當中，目標已經達到了。

凡是你無法接納的，你會抗拒到底，這種對立便成了你的束縛。凡是被你接納的，就會輕輕地進入你的心房。

### 🖎 心靈隨筆

---

---

---

---

---

---

---

---

---

---

---

---

---

---

---

# 第七招　樂意學習與分享

　　每當我胸有成竹地以為自己對一切已經瞭若指掌時，愛的渠道就中斷了，為什麼呢？因為我頭腦裡的大門關閉了，內心的大門也關上了，我說：「夠了，我已經夠多了。」

　　我的內在導師顯然並不贊同我這種心態，因此，還有一門課程等著我虛心練習。如果我此刻感受不到全然的平安，那麼我所懂的一切便毫無意義了。但我若內心平安了，就不會那麼渴望知道答案。《奇蹟課程》曾說：「我們所教的正是我們需要學的。」那是一個很重要的覺悟。

當我站出來與你分享我的經驗時，我只是在加深自己的學習而已。

　　藉由分享，我加深了自己的所學，並經由脈輪延伸出去。 我把一個理性的知識應用在自己身上，而後送入心裡。當你聽到我內在的心聲時，我知道對我是真實的東西，對你也一樣是真實的。

　　藉由分享，我學會聆聽。我看到你如何以不同的方式、不同的角度應用在自己身上，有些我仍感糢糊不清的課程，透過你的善巧運用而逐漸明朗化。我明白，你是我的老師，正如我也是你的老師。

　　教與學是終身的事，即使我現正扮演老師的角色，我也同時在學；即使我現正扮演學生的角色，我也同時在教。我如何去學本身變成一種教導，而我如何教，也變成一種學習。你看，教與學就這樣循環不斷。我生命每一刻都可能從你的回饋中獲益，即使其中有百分之九十九是在批判我，我仍能享用百分之一的真話。

　　不僅老師必須把所學的應用在自己身上，表示對他們所教的一切負責，學生也必須對他們所學到的東西負責，

畢竟沒有人能不經你的允許而傳授給你任何東西的。所以，我一直在學習，你也是，那是我們平起平坐的基礎。

雖然我能藉由冥想、觀照自己的念頭和感受，及研讀經典等方式獨自修行，但有某個重要部分是我無法單獨完成的。除非我身臨其境，否則我無法克服投射這個問題。我需要投射到你身上，也需要你投射到我身上，我才能具體經驗到這個投射現象。在我認清分裂狀態原是一個幻相而拒絕接受之前，我必須先具體感受到我們之間有目共睹的距離與隔閡。

沒有人能單獨得救，它必須透過雙方的互動，無論這種互動會帶來多深的痛苦，都有助於我們的學習與成長。我若孤立自己，我只是在拖延自己得救的時間而已，我們遲早都會相遇，攜手演出我們的那場好戲。

若沒有互動，我們兩個單獨的個體永遠無法了解造物主的愛。天地造化中若有一部分感到與另一部分分裂，這一事實就更加肯定了互動的需要。無論我們在哪裡感到分裂，就需要在那裡建立互動的橋樑。即使我們處心積慮地搞得兩敗俱傷，我們仍需要互動。問題是，我們常常放棄了，選擇離婚，各自分道揚鑣，心想：「唉！這問題是解

決不了的。」然後設法尋找另一個人，再湊成對。我們不斷想要與人結合，卻不斷失敗，因為那不是我們的功課。造物主並沒有要求我們粘在一起，祂只要求我們彼此尊重。

聖經上說：「己所欲，施於人。」而不說：「融成一個人。」我們若只想拼湊成對，便錯失了重點。我們不是要在「對方身上」找到自己的救恩，而是「透過對方」而得救。

形體的結合不是關鍵，因為我們早已在聖靈中結合了。在以小我為主角的現實生活裡，我們「狀似」分離，而且也「狀似」各具不同的人格和需求。我們若想在那一層面上合一，註定是要失敗的。唯有等到那些差異消失，自然就結合在一起了。

「己所欲，施於人」，它所強調的不過是我們這些分別的個體天經地義共享之物，即我們的平等性。尊重彼此的平等，我們才算建立起正確的人際關係，神聖性才可能透過我們而彰顯出來。就像神學家Martin Buber所說：「真神不存在你內，或我內，而是在你我相遇之處。」找出「你我相遇之處」，就是生命之舞，也是我們修持的核心。

每當我們與別人分享思想和感受時，其實是在幫助我們超越小我的世界，去發掘我們共通的願望和需要。每當我們對別人敞開心靈時，其實是在積極地化解彼此分離的幻相。

　　總而言之，我們不是為了「結合」而在一起的，而是為了證實我們早已心和心、靈和靈地結合為一了。只要我們一開始批判別人，強調彼此的差異，我們便已跳離了合一之境。然而，我們也可以藉著接納和祝福每個人的現狀，而繼續結合在一起。

　　我們愈常來到這共享的生命基地，也就是《奇蹟課程》所謂的「神聖的救恩之圈」，就愈容易了解這原是我們的家，也愈明白每個「小我之旅」不過是在繞圈子。這並不是說我們再也不會分道揚鑣，但是，即使分離，我們仍然指望著相聚之日。

　　我們知道家在何處，也知道當我們準備好時，自然就會回家的。

我生命每一刻都可能從你的回饋中獲益，即使其中有百分之九十九是在批判我，我仍能享用百分之一的真話。

# 第八招　做自己的主人

　　我必須在此澄清一下，做自己的主人，並不是替別人做主！而是不讓別人替你做主！

　　每個人都有選擇的自由，包括你在內，而且每個人都要為他（她）所作的選擇負責，別人如何能替你負責呢？許多人試圖穿越那涇渭分明的責任線，但是這樣做只會蒙蔽了他們對真相的認知。不要再自找苦吃了！尊重這界線，你們才會彼此尊重。

　　首先，請了解，當你讓別人替你作決定，或你替別人作決定時，便表示你沒有為自己負責，那是一種依存共生症，對別人或自己都毫無益處。這樣做，表面上，你好似佔了一點便宜，然而，從此你便喪失了選擇自己生活方式的自由。

　　能聆聽別人並從中學習是件了不起的事，因為與人分享隱私是你心靈成長的必要條件，你能從別人的回饋當中擴展自己的認知。但是，別人並不知道你真正的需要，連通靈人士都無法告訴你需要了解甚麼，他們可能會提供一些重要的訊息，但也未必。無論哪種情形，最後還是得靠

你自己來善用這些訊息，找到內心的平安。

要知道，別人若告訴你，你最需要甚麼，這種知識有它的限度，而你能告訴別人的也有它的限度。你能給予別人或從別人那裡得到的最大幫助，只是鼓勵，其餘的很少真正幫得上忙的。

要做自己的主人，你必須放下向外尋求答案的心態，必須放下這一生理當有所成就的念頭。自主權直接來自具體的經驗，它說：「我尊重自己的生活，並接受一切對我是真實之物，即使那對別人未必真實。」

內在的自主權和指揮別人是兩回事。一旦你要別人順從你的價值觀與信念，你便削弱了那些價值觀與信念在你生活裡的力量。如果你還需要別人的贊同才能尊重自己的生活，表示你已遺忘了內在的自主權。

任何人都有權利，也有責任說：「這對我而言是真實的，因為它對我有用。」這種自我肯定相當重要，因為沒有一個人的生活與我完全相同，我的經驗極其獨特，而且理應如此接受它。

任何人若企圖否定我這別具一格的經驗，也就很容易否定了他（她）自己的經驗。一個人是不可能透過否定別人來肯定自己的。所以，我若把全部精力投注在否定和批判別人上面，就無法認出自己的內在嚮導與真相，再也找不到什麼對我才是真實的，除非我開始懂得尊重別人的經驗。相反地，我若投注過多精力於別人的經驗而忽略了自己的經驗，也一樣無法聽到自己的真理。所以，自主權必須由內而發，而且它的權限只到自己有形的身軀為止。

　　當我自行作主的欲望侵犯到別人為他自己作選擇的自由和責任時，我的自主權會加以自我克制。同理，當別人想要替我作決定時，它也一樣會激發我自行決定的能力。我的自主權與你的自主權是平等且一致的。你若否認或僭越了你的自主權，自然會慫恿我去做同樣的事。因此，你對自己經驗的忠實程度，會無形地鞏固了你和我純潔無罪的生命本質。總而言之，自主權的行使過度或不足，都是我們這一生的學習課程，也是我們與別人共修的舞步。

　　因此，我們的目的絕不是結束跳舞，而是看著它跳，看它如何舞向生命的核心，這樣才能旁觀者清。只要我們能覺察出自己的「過度」和「不足」，它自然就會調整過來。如此旁觀，能幫助我們看到自己的所作所為，並從中

學習而不加以批判。

自主權是我們這一生所要面對最深奧的問題之一,我們之中沒有人不是一邊虛張聲勢,一邊又作賤自己的。除非我們先看清那以小我為中心的自主權之虛偽,否則我們是無法得知生命真正的自主權的。這種自主權是奠基於單純地接納自己和別人,而小我的自主權則是因為自慚形穢而企圖把內疚投射於別人身上的結果。

那些懷著虛妄的優越感的人,潛意識中經常隱含著自卑感,而那些經常引用別人力量或智慧的人,潛意識中則隱含有某種優越感。奇怪的是,有優越感或自卑感的人都不敢為自己的信念挺身而出,他們各以不同的方式尋求別人的支持和認可。

我們必須覺察一個事實,不論表現得太強或太弱,對我們都不是好事。讀過《易經》的人都不難接受這一觀念。太強的人會吸引弱者而削弱了自己,太弱的人則會吸引強者而狐假虎威。每個人都想利用別人來平衡自己的欠缺,不幸的是,這種交換性的互動都是在潛意識中進行的,蒙蔽了不少人眼目。

在我們集體進化過程裡，很重要的一件事，就是讓上述「平衡化」的過程浮現在意識的檯面上，那就是為何會有這麼多的書籍討論暴力現象和依存共生症。這些互動若一直隱藏在潛意識中，它所造成的傷害是難以衡量的。說出我們的傷痛才會有益健康，那是我們「接受」自己的經驗並負起責任治癒自己的不二法門。

　　這一切不外乎「尊重」二字，尊重自己和尊重別人。尊重(respect)的字根原是specere，意思是「觀看」，因此，尊重(Re-spect)的原意是「回頭看，再看；或是以不同方式看」。由此可知，剛開始時，我們是「透過深色玻璃來看，然後才面對面觀看」。換句話說，我們會先看走眼，然後才加以修正；我們會先犯錯，然後才從錯誤中學習；我們會先侵犯到彼此，然後才學會寬恕。

　　這個過程會反覆重演。我們先侵犯了平等法則，才會從中學會尊重自己和他人。正因我們覺察到自己的侵犯，此一覺察便能引導我們邁向平等之路。

　　所以，當談到「做自己的主人」時，我們的意思是學會活出真正的你，並學會看到真正的別人。修持平等心，是要從不平等中學習，讓我們接受這個過程，並透過它一起成長吧！

當你讓別人替你作決定，或你替別人作決定時，表面上，你好似佔了一點便宜，然而，從此你便喪失了選擇自己生活方式的自由。

# 第三要訣：信任自己的生命

　　我們的生活常把我們逼到自己的極限，然後就把我們丟在那裡，而且告訴我們：「你的生命決不受限於這界線內的一切。」

　　為了證實這一睿見，我們看到自己一直在和自訂的每一道限制搏鬥。每當我們採取一種立場（哪種立場都無所謂），我們已把一個實體分裂為二了，不論我們用甚麼名稱來表達：好與壞，男與女，高與低，我們已由一個整體營造出二元對立的狀態了。每當我說「我」，就產生了你，意謂著「非我」；即使我說「我們」，也意謂著「不是他們」。

不論我如何努力擴展自己的意識境界，仍會不斷遇到令人難以接受的人事環境。在那裡，我劃下了一道線，圈出自己的勢力範圍。線的這邊是可接受的，而另一邊則無法接受，這就是我意識之旅的真面目。我的整個生命乃是一個不斷劃下界線再撤銷界線的過程。我若能看出這一真相，便會學著對自己和別人放輕鬆一點，因為我知道那些界線都是虛幻不實的，只是我的想法認定它們是真的。一旦我改變自己的想法，那條界線就消失了。

　　我一直努力界定自己存在的定義，想活得更有條理一些。然而我愈努力，似乎愈糟糕，不論怎麼努力，都難以掌控自己的生活，我遲早都會面對這一現實的。而且，我遲早也會了解到，我此生的目的不是為了控制自己的生活，而是與它攜手合作。

　　說出自己的渴望，並沒有什麼不對。但是，我只能選擇生活給我的一切，不管那是不是我想要的。我常會認定發生在我身上的一切並非我想要的；事後，我才慢慢領悟，那正是我當時最需要的。慢慢的，我明白了一點：原來我並不知道自己需要什麼。

　　但是，我的生命力知道，它知道我的需求並把它吸引

到我這兒來。我以前習慣把這生命力稱為「命運」或「神」，但始終未曾奏效，因為這樣的指稱已把它推到我生命之外了。其實不是的！它不在我外或我內，或許它既在我外，也在我內。當我劃下界線時，它就隱藏到內心深處，避不露面，或是伸展到無限之外。它也可以小到無法辨認的地步，縱使你搜遍身心也無從找到它。

大腦有多重呢？生命力比那還輕。靈魂有多重呢？生命力甚至比它還輕！它輕到無法稱磅，而且不受地心引力影響，然而，它的浩瀚無邊，讓整個宇宙都鞭長莫及！

當我正視真實的自己時，我看到無限的存在，無內也無外。我看到我與你原來毫無分別，與神無異。我們全都一樣，都是生命力無始亦無終的運轉！

當我活在自己的界線內時，每件芝麻小事似乎都很重要。當生命開始插手，並拭去那些界線時，我才了解，所有我曾視為重要的事其實毫無意義。每個生命起伏的波動都是一種淨化，溶化了所有的執著，清掃了一切批判和評價。正如同我的朋友傑米在最近的一場聚會後所說的：「我是這樣地喜悅，喜悅到無法填寫評估表了。」

我生命的漩渦逐漸緩慢下來，形成一種優雅的舞步，多棒呀！我開始發現目前的生活其實並沒有問題，根本不須改變任何事。我無須改變人際關係、工作，或住所，才能使自己快樂。此時此刻的我已是快樂的。生命降臨於我，我只是單純而深刻地擁抱著它。

　　我不知道下一刻將會發生什麼事，那已不重要了，無論什麼都好，因為我已把恐懼和批判置於身後。過去的陰影污染不了我的純潔無罪，未來的期待也不會使我失去活出自己或讓你活出自己的自由，因為我已了解，我現在沒有問題，你現在也沒有問題，生活本身本來就沒有問題。那就是我的天堂與淨土，也是我的生命本質，其餘的只是尺寸和形狀而已，那些外在的形式最後都將歸於塵土。

　　非實質之物無法涵蓋實質，界限無法涵蓋無相的虛空，有限的心智無法涵蓋天心。但是，天心卻能涵容一切，它是永遠空著的杯子，無論我們倒入多少美酒，它永不滿溢。那是我們終將抵達的福樂極境，那是我們唇邊的禱詞，是我們相互敞開心靈時記起來的那首被遺忘的歌，它說：「歡迎，各位兄弟姊妹們，你們離開時的位置至今仍是空著，正等著你們回來，我們終於團圓了。」

當我活在自己的界線內時，每件芝麻小事似乎都很重要。當生命開始插手，並拭去那些界線時，我才了解，所有我曾視為重要的事其實毫無意義。

## 心靈隨筆

# 第九招　接受人生課程

　　生活從未滿足過我們的期待，否則，我就學不到任何東西了。我的期待註定會落空，如此，我才能邁向一個更深更廣的生命實相。

　　發生在我身上的每個人生課程，原是為了喚醒我，而不是懲罰我。只要我認為老天有意懲罰我，我就很難接受自己的課程，並從中學習。事實上，每個人生課題都是為了提昇我。如果我還自恃有後臺撐腰，它勢必會拆掉我的臺子，再鼓勵我向前，它永遠都是為了提昇我的。

　　當然，我的人生課程和我對課程的詮釋常是一百八十度相反的！在小我的領域裡，是不可能了解那些課程的，因為人生課程常是帶領我超越小我。如果我只想壯大小我的勢力，上天便愛莫能助了。而我總想等到小我壯大到某一程度後，才願意去信任生命之主，難怪我老是受挫！每當我自以為超越了舊觀念的束縛時，我就被狠狠地踹回人間的鬥爭裡。

　　學習人生課程，必須先對自己慈悲一點，因為要改變我對現實的認知是非常不容易的事。若容易的話，我就不需要那課程來練習了。所以，我必須耐心地按照自己的步伐前

進，不必急。大部分的課程都不會設定成功的標準，它們側重的是認知上的改變，所以我無需改變自己、改變別人或改變世界，只須改變我對自己、別人和全世界的看法就夠了。

如果我認為那些課程企圖把我改變成另一個我，或是要求我給出我根本沒有的東西，表示我已誤解了那些課程。當恐懼來臨時，它只要求我穿越過去。我若感到承受不了，它會要我把它放下。無論哪一種課程，對我都是最完美的搭配。它會按照我的能力要我做適度的調整，從不要求我去做超過我能力的事。

所以，信任成了一個重要的因素。我愈信任自己的課程，就愈能與它們配合，學得也就愈好。對於未知的一切，我以歡迎來代替懷疑，看著它如何拓展我，在我心中開墾出一個讓愛得以駐留的地方。

顯然地，說得容易，做時難。在生活中，一旦遭遇痛苦，我全身會立刻自動緊繃起來，抗拒它，壓制它，並且抱怨不已。我很少接受那個痛苦，並請教它所捎來的訊息。我有抗拒痛苦的本能，因為我相信痛苦在攻擊我，所以我努力驅逐它。但是，那只會加深痛苦而已。透過經驗，我慢慢懂得，解脫痛苦的方法絕非抗拒，而是接納。

這是相當矛盾的說法，消除痛苦的唯一方法竟然是不再想盡辦法擺脫它。只要我還有驅逐它的念頭，它反而會堅持不走。其實，痛苦並不是一種懲罰，而是在傳遞某種訊息，它告訴我，出問題了，要我稍微調整一下，要我醒悟出新的觀點。

　　同樣地，每一課程都要我以新的方式敞開自己的心靈。舊的防衛機制必須完全放下，我再也不需要它來護衛我的生存，以前一點一點被恐懼侵占的地盤，也必須重返愛的懷抱。

　　這是循序漸進的過程，沒有人要求我此刻完全開放。只要有一點點的進步，我就算是與自己的課程配合了。那並不是說，我不會遭遇抗拒。事實上，每隔一段時間，我都會舊戲重演，但我的目標已非設法消除抗拒，而是注意它的來到與離去，如此，我才會慢慢了解自己的思想、感覺和信念究竟是如何影響我生活的。

　　我漸漸明白了，生活中發生何事並不重要，重要的是我對所發生的事如何回應。由於我把注意力都放在自己還能左右的反應模式上，我賦予自己更大的能力，以創新方式去處理生活的各種挑戰。我不再是外在惡勢力的犧牲品，而是劇中的主角，以充滿信任、希望和信心的態度，

積極地影響事件的結果。的確，每當有事情干擾我內心的平安時，我明白自己已經一頭栽進去了。只要我肯花點時間往內心看去，並向上提昇，就會看到自己的周遭原是有意玉成我的一個有情世界。

生活中的種種絕非一成不變的，這與我們根深柢固的舊有想法正好相反，它們絕不是我們所想的那樣。每件事都在變動當中，包括我們的思想和感受在內。因此，如果我們真正想要了解生活中的經歷，就必須與該情境共處一會兒。唯有花點時間去感受，我才可能做出適當的回應。

面對一個課程，最糟糕的方式便是立刻判定該課程的用意。我們需要以不批判、不詮譯的心態，先與情境共處一會兒，去感覺它，生出某種覺受，觀看它如何隨我們的想法和感受的改變而起變化。這是一種聆聽內心的過程。尤進‧簡德林博士 (Eugene Gendelin) 曾寫過一本書《直觀法》(Focusing)（譯註：可參考光啟出版社的《內觀自得》）提供一系列的技巧，幫助我們接通心靈深處的感受。無疑地，靜坐冥想也是很有幫助的。

身處困境時，我們不必試圖分析或理解它，這樣做只會使問題膠著於它原來的層面，那是解決不了問題的。我

們必須潛入身體裡面，沉澱自己。我們必須走出「理性之心」，而進入「感性之心」。

唯有感性之心才能滲透整個情境，它不會只挑出其中一部分而漠視其他部分。它不會挑三揀四，因為這種挑揀只會加深衝突而已。感性之心會伸出觸角，滲入每一個角落、正反兩面，甚至所有矛盾之處。它把情境當成一個整體來了解，不加批判，只讓每件事的全貌呈現於意識中。

讓事情全盤呈現，能使我們的意識產生微妙的轉變。在那個轉變裡，目的不再是「解決問題」或「在正反兩極之間作一選擇」，而是改變自己原先認定兩者無法共存的觀點，把兩極聯繫起來。這好比在意見不同的兩人之間做協調，當兩人都堅持己見時，第三者的出現經常是有必要的。此人，可能是仲裁者或心理治療家，負責找出一個共通的立場，讓雙方都能表達出自己的心聲與需求。

調停者將議題從「誓不兩立」轉變成「同舟共濟」，他幫雙方建立起「我們」的共同意識，只有在「我們」的空間裡，問題才有解決的可能。的確，在「我們」的空間裡，問題不再存在。問題的產生只是因為每一方都從小我的角度去看事情。

意識上的衝突也是同樣的情形。若由酷愛衝突的小我觀點出發，是不可能解決任何問題的，唯有心靈的廣大胸襟才包容得了所有的衝突矛盾。

與問題共處一會兒，意識就會開始改變，從「理性之心」轉變成「感性之心」，而且從兩極化和彼此對立的意識心態邁向相互依存與相互包容。心靈的平安，人間的和平，以及大同世界，都只有一個原則，它們都要求我們轉變自己的意向與焦點，以及意識和認知上的改變。

當我與自己的課程奮戰時，它成了我的敵人。當我接納它時，它成了我的朋友。我和自己的課程一直都在建立某種關係，而那個關係決定了我會抗拒還是會從中學習，向前邁進。不能讓人親嚐學習成果的課程不能算是屬靈的教誨，它最多只是一種教條而已。所有的課程都是要人敞開心胸、開放思想才能學會的，它們與教條式的觀念和絕對的道德規範是兩回事，因為它們都是可以感受到的經驗。

所以，我們的生活就是學習的實驗室，我們理性和感性的經驗就是教室，在那裡，我們可以學習譴責，也可以學習祝福，學會排斥或學會接受，學會控制或學會釋放。

發生在我身上的每個人生課程，原是為了喚醒我，而不是懲罰我。只要我認為老天有意懲罰我，我就很難接受自己的課程，並從中學習。

## 心靈隨筆

# 第十招　認出一切都沒有問題

《奇蹟課程》要求我們「重新選擇」，意思是要我們改變自己的認知，以不同的角度去看事情，要我們認出自己的分別心，並選擇以平等心相待。它要求我們承認自己的恐懼，並了解自己真正渴望的原來是愛。

如果我們仍無法改變認知，無法看到愛是我們真正的渴望，那麼我們至少應有此覺察：我目前仍做不到。只要能覺察到就夠好了，人生的課程就是為了擴展我們的覺察能力。只要我能覺察到自己還有選擇的餘地，那麼即使自己目前還無法選擇愛，也沒關係。你能了解我的意思嗎？

小我會說：「你這卑鄙無恥的小人，又把事情搞砸了，竟然忘記選擇愛，我看你是沒希望了。」我們都聽過這類聲音，但它的背後還有一種聲音：「沒關係，不必擔心，只要覺察到就好，你已經做得很好了。」我們知道，這就是聖靈的聲音，因為祂尊重我們，也尊重我們劇本裡其他的角色。祂不會犧牲別人來成全我們，也不會拖垮我們去提昇別人。祂會說：「縱然你又批判了，他也為了自衛而攻擊了你，你又反擊回去，現在你們雙方都懊惱不已，沒關係的，只要你能覺察到所發生的一切就可以，沒必要再去批判了。」

聖靈能夠接受我不必永遠都是對的。即使我做錯事，祂仍接納我，即使我三番兩次犯了同樣的錯，祂還是接納我。祂對待我的兄弟姊妹們也是如此。祂以一種標準來對待所有的人，即：「錯誤是學習過程的一部分，寬恕也是。」如果我們批判和譴責，這僅僅表示我們對所發生的事和發生的原因作做了錯誤的詮釋而已。

　　我們生活周遭所發生的每件事，只有一個目的：就是除去愛的絆腳石，消除那讓我們感受不到內在平安的障礙。每個痛苦的掙扎，每個錐心的打擊，也都只是喚醒我們的工具，提醒我們重新作個選擇。每當我們覺得受到不公平的處罰或被人佔了便宜而憤怒不已時，必須記住這點。其中必定有些可學習的事，有些可放下的事，有些值得感激的事。

　　愛怎可能成為一種攻擊呢？若宇宙的基本狀態是愛的境界，那麼即使我們覺得受到攻擊，愛還是存在著；即使在苦難當中，平安仍是可能的。

　　我們活著的每一刻都在要求我們表現一些寬恕之舉。每當我們批判自己或別人時，每當我們感到害怕而攻擊時，每當我們想要還擊而壓抑下來時，每當我們為自己的

攻擊或防禦而辯護時，便是我們需要寬恕的時刻了。這是什麼意思呢？

它是説：我明白了，無論我感覺如何，那只是我現在的感覺，我過去可能也有那種感覺，但那並不會把現在的感覺變得更真實。利用過去的感覺來為自己的憤怒辯護，只會加深憤怒而已，所以我必須放下過去，不把過去帶到現在，也不把現在帶到將來，只是接納現在的樣子，那就是寬恕。

這一點都不神祕，我只是讓每件事呈現出它的現狀。既不與它相鬥，也不試著改變它，只是讓它呈現自己的面目。我允許它與我共處，也允許自己與它同在。

我就像一位釀酒人，而我的經驗是酒。我把它倒入「接納」的桶內，讓它自然發酵醞釀，只要時候到了，「接納」就會成熟為「了解」。只要時候到了，我的經驗就會變成活生生的真理，引導著我，也啟發別人。這需要很大的耐性，我必須先認定酒是愈陳愈香的，若喝得太早，沒能與它共處一段時間，那種經驗既無法教給我任何東西，反而會強化了我過去的經驗，而那些經驗很可能與我目前的狀況根本扯不上什麼關係。

我需要認清，改變並非壞事，而是成熟的過程。我若不改變，就無法成熟。我若不與自己的經驗共處，就無法從中學習。

　　只要我還企圖保持原狀，就難以從人生所提供給我的課程裡獲益，所以我必須心甘情願地改變，但不可自滿地認為自己知道應該由何處下手。事實上我並不知道，也不應該知道，因為它來自未知之境，來自我無法掌控之處，來自我尚未覺察的心靈深處。它是透過我才能出現的，就在通過我之際，它轉變了我。

　　認清一切都沒有問題，就是對改變過程的全然信任，不論後果如何。換言之，我知道我的造物主深愛著我，伴我渡過所有的磨難。祂不會干涉我的學習，因為那些課程不是祂制定的。祂僅是我的見證，就像我也是祂的見證一樣，彼此彼此，不分軒輊。

我必須放下過去，不把過去帶到現在，也不把現在帶到將來，只是接納現在的樣子，那就是寬恕。

## 心靈隨筆

# 第十一招　看鏡中人生

　　我們不論到哪裡，只要一轉身，都會看到自己的影子，它有時會透過兄弟的臉孔回頭凝視我們，當我們在風雨中衝鋒陷陣，它有時又會在我們前面活蹦亂跳的。

　　我們的影子不會消失，它緊跟不捨。相信鬼魂的人其實並不離譜，因為鬼魂不過就是那些陰影罷了。我們所恐懼的，常會被擬人化，其實那都是我們自己心裡營造出來的，我們在自己身心之外所看到的一切，只是反映出我們內在的現實而已。

　　只有在死亡狀態，你的內在真相才不會投射為外在現實，因那是一個不再投射、無須互動的狀態，因為整體中

的各部分不再分裂了。但在我們眼前的世界裡，有內與外、形象與倒影，又有思想之心和感覺之心的分別。感覺之心反映出思想之心，因為每個感覺只是某個思想的反射，它們彼此相隨，且幾乎到了形影不離的地步。

我們整個心理狀態是由思想與感覺錯綜交織而成的。每一種意識界都與其他意識界相互滲透而且彼此互動著，使得整個情境更加複雜，根本搞不清它們之間的脈絡與關係。

然而，我們所能掌握的，乃是隨時隨地留意周遭的環境如何反映出我們的意識狀態，或是我們思想與感覺的獨特結構。因此，它是我們的一面鏡子。觀看這面鏡子確實令人心痛，但是假裝鏡子不存在反而更苦。

走入我們的生活，觸動我們傷口的人，只是我們內在陰影的化身，他們並不具客觀的意義。我們也經常以牙還牙，去揭對方的瘡疤，我們之間的互動完全是主觀的，而且是一個影子對另一個影子的關係。

只有等到其中一個清醒過來，並看出整個互動全都是他自己影子的遊戲（他所恨的、無法接受的，或對自身的恐懼），這面鏡子才會停止反射。這份覺察足以切斷其中

的糾結，而中止投射。這類互動若非早經雙方同意（經常是無意識的），否則是不可能繼續演下去的。

我們看鏡子不是為了憎恨自己，而是去認清被自己內心壓抑下去的批判，那些批判使我們無法在自己內或人際關係中感受到那一體完整性。因此，向下潛入內心的黑暗，是自癒的必要過程，若不向下潛入黑暗，我們便無法變成光明使者。

有趣的是，這種先潛入黑暗，而後昇入光明之境，並非直線式地進行。它是一種週而復始的循環之旅。首先，我面對一些以前否認過的恐懼，把它們帶向光明，不久，另一種恐懼又浮現了。聽起來很熟悉，對嗎？每場勝利之後，接踵而至的常是下一個挑戰。

用世界或小我的眼光來看自己的心靈成長，常會長他人的志氣，滅自己的威風，因為從小我和世界的觀點來看，我們全都是無藥可救的失敗者。步步高昇的成就觀念與一個計劃又一個計劃的思考模式，是難以洞察循環性人生過程的深奧的。唯有直覺、感性之心才可能了解對立和改變的意義。

整體來説，東方的傳統較偏向感性之心。承襲《易經》、《道德經》，和其他靈性鉅著的道家傳統，提供我們最深的智慧去認識變易的過程。對道家而言，宇宙間的一切都是流動不息的能量，即使是觀念，都需要納入相反的一端，才能上徹天理，下達人寰，周而復始。生命對東方的心靈而言，有如鐘擺，不斷前後擺動著，而不是朝同一方向的直線式移動。

　　這個觀點幫助我們了解到，心靈的成長並不是以我們領受多少課程，或學到多少東西來衡量，而是憑我們願透過那交到我們手上的鏡子去看的意願有多強來衡量。《奇蹟課程》説：只要有「一點點的願心」就夠了。因此，只要我願意，我們就能全面且同步地迎向所有的課程。我們每敞開自己一次，就會嚐到真正開放的滋味。

　　所以，任何一堂課都會打開而且加深我們的意識領域，都會擴展心智，超越觀念的限制，都會提昇心靈，不再受情緒左右。它把潛意識裡的東西帶進意識領域，治癒了過去的創傷，發掘了新的信心和信任。

　　一個成功會帶來另一個挑戰，一個失敗則給我們重新選擇的機會，其中絕無批判的意思。

主觀的過程沒有時間上的開始或結束，那是我們很難了解與接受的，但只要我們能夠不斷朝鏡中看去，不再氣餒也不絕望，就會有這種根本的覺醒。在看夠鏡內人生之後，我們就會培養出一套「星際幽默感」。從此，我們不再努力追求完美，或想在既定時空內汲汲趕完所有的工作；我們只是愈來愈能安於生活現狀。只去處理眼前的事，不再忙著虐待自己或懲罰別人，這已經算是不小的挑戰了。

　　至今，我們已經學乖了，知道每隔不久，難免都會出一次狀況。也就是說，我們會完全忘記學過的一切，做出連自己都想像不出的蠢事。所有最擔心的事都可能發生，日子常被搞得天翻地覆，於是我們會感到羞愧或憤怒不已。然而，無論如何，我們還是熬過來了，甚至還能回頭認出那真是一種恩賜。

　　至此，我們才真正明白整個旅程是一圈一圈地繞圈而行的。而且，我們也明白，表面上不論我們身在何處，或發生何事，我們都不會出事的。至此，我們可以邁向最後一步了，如今我們必已明白，那其實也是第一步。

我們所恐懼的，常會被擬人化，其實那都是我們自己心裡營造出來的，我們在自己身心之外所看到的一切，只是反映出我們內在的現實而已。

# 第十二招　開放心靈

　　開放心靈，最容易的方法便是請求幫助，或幫助別人。你若遇到困難，就請求幫助，向朋友求助，向陌生人求助，或向上天求助。求，就對了。

　　若你不允許自己打開心門，它就無法開啟。請求，表示你允許了，這等於邀請聖靈幫助你以不同的眼光看事情，也等於邀請你的兄弟姊妹以愛和接納來滋潤你的生命。

　　「求，就會為你開」，你的真誠請求已經蒙受俯允了，雖

然那答覆可能不是依照你期待的形式出現。但只要你願意去看，它就在那裡，看的本身便能開啟你的心而找到它。

你在尋找愛嗎？你會找到它的。它若沒有馬上出現，就繼續找下去。愛若沒有符合你的期待，放掉這些期待。愛就在那裡，只要你肯改變那些妨礙你察覺到愛的認知或觀念，你就會找到它的。記住，你找的若不是愛，你就不會找到愛。所以，不要退縮。

你若想要開放自己的心靈，就去幫助別人吧！接近朋友或陌生人，都一樣，讓你的直覺引導你吧！在人生某個角落，有人正在祈求愛。也許他並未表現出來，只是默默地祈求著。你會知道那是誰。

給予無條件的愛，或一無所求地幫助別人，都一樣會打開你的心，也會打開別人的心。我們每個人都握有救恩之鑰，藉著某種支持的表達，或一句鼓勵的溫柔話語，帶給彼此救恩。或者把每個攻擊都看成愛之祈求，由此而帶給彼此救恩。

當我們接納自己所有的矛盾、所有的責任和所有的掙扎時，我們的心便開啟了。當我們接納另一個人所有的試

練與痛苦時，我們的心便開啟了。當我們給予愛，就像對待一個傷心的孩子那麼單純時，我們的心便開啟了。當我們內在受創的小孩開始求助時，我們給予他愛，我們的心便開啟了。所以，開放心靈，一點都不玄奧，只要接納，就可以達到，而關閉心靈也不玄奧，只要批判，也會達到的。

心有如靈性的肌腱，它能打開，也能關閉，運作愈頻繁，它就愈強而有力。當你內心緊繃時，不要批判自己，繃緊過後，自然會再度開啟的，你只須讓它自然地運作。讓痛苦來來去去，讓每件事都穿透你。做個深呼吸，讓空氣自然進出，把自己當成是生命的通道。不要抗拒吸氣，也不要憋氣，只是讓呼吸自然地進出，只是讓生命隨著它的起伏波動來來去去，不要執著任何一種狀況，也不要害怕任何現象。

不論如何努力，你都無法改變生命的漲潮與退潮。不管你是緊抓不捨或是隨緣放下，生命依然故我。當你緊抓不捨時，肌肉就會拉緊；當你隨緣放下，肌肉開始鬆弛。你現在緊繃著嗎？沒關係，只要覺察到就好了。覺察本身就是一種解放。

要開放心靈，你就必須甘願隨著潮水的漲退而起伏，有時抽緊，有時放鬆，不要期待永遠處在巔峰不會跌落谷底。要開放心靈，你就必須甘願面對此時此刻所發生的一切。你不必「做」任何事，只須「存在」，那就夠了。你只須與自己同在，與別人同在，與生命之主同在，那就夠了。

　　特技表演雖然引人注目，卻不必要，你不必為了愛而跳火圈，你只須心甘情願地接受，心甘情願地給予就夠了。愛由何處來，愛向何處去，不是由你決定的，只要它來時你讓它進來，它走時你讓它離開就行了。意識只是愛的一個通道，而不是它的源頭。你愈變成愛的導體，就愈會了解它。愛是唯一的力量，愛之外的一切都只是愛的容器而已。愛是真實的，身心則只是它的導體而已，唯有當它完成這個目的，你才會看出它的真相。

　　認出身心本身的存在本質，只是一堆煩惱和恐懼、期待和批判而已，那只是短暫而且趨向自我毀滅的一段現象罷了。它出生、受苦，然後死亡，本身不具任何目的，它唯一的目的只是當愛的容器，即是愛的身體、愛的心智、愛的言語、愛的舉動，愛只是悄悄地坐在那兒，或是隨風而舞動。

當我們透過接納自己和別人而開放自己時，才能慢慢看到這一境界。當我們請求幫助並給予幫助時，才會逐漸了解，我們的身心竟是那股強大得不可思議的能量之容器。這股能量無法被人操縱或控制，只能讓人經驗到。我們的心靈終會成熟到足以領悟這些觀念的地步。那時，我們不靠閱讀更多的書，或參加一連串的講習會，只須把我們早已知道的事，運用在日常生活中就行了。

　　在最深處，這正是我們對心靈之旅許下諾言的時刻。在這以前所發生的一切，都是為此刻的交託與信服在做準備。這就是耶穌所說的「火之洗禮」，也是我們靈性重生之際。現在，對我們而言，每一天都變成是活生生的教誨，不再需要特別的老師和特別的書籍。每位兄弟姊妹都是老師，生活中的每個事件都是一部深奧經典的展現。當我們把靈修書籍都丟到火裡燒燬時，朋友們也許會驚嚇萬分地說：「他們真的知道自己在做什麼嗎？」

　　外表的空殼消失了，內在的核仁抽芽了，行動遠比文字還更擲地有聲。

　　只要我們能夠單純而安詳地進入內心，遲早會達到這一境界的。那時，我們便明白了：說什麼已不重要，重要

的是我們如何説；做什麼已不重要，重要的是我們如何去做。而且，我們都知道，若不用愛的眼睛、嘴吧和容貌去觀看、説話和行動，所有的信念都變得毫無意義。

這一境地，我們不只來過一次，而且來過很多次了。剛開始時，我們會感到很不自在，並急於縮回舊有的觀念和目標那個安全地帶。慢慢的，我們能夠多停留一會兒，並且在此地喜悅地充電。不久以後，我們不再掙扎而開始懷念此地，當我們抵達此境時，就再也不願離開了。

放心吧，家並不是我們從早到晚都得逗留的地方，我們會離開一下然後再回來，一次又一次地。家，是我們相聚之處，那兒無需多餘的言語，也沒有人會坐立不安。我的弟兄，我的姊妹，歡迎！你們來時，我竭誠歡迎，你們走時，我行禮恭送。

願你們一切順心，願你們的生活洋溢著祝福。

開放心靈，一點都不玄奧，只要接納，就可以達到；而關閉心靈也不玄奧，只要批判，也會達到的。

### ✎ 心靈隨筆

# 第四要訣：銘記「生命是愛」

生活中總會出現一些事件或境遇深深震憾著我們，痛擊我們，硬把我們拉出自己的安樂窩，例如失去工作、親友去世，或人際關係破裂。於是，我們深受打擊，內心沮喪，意志消沉，感到自己完全失敗了。

表面上看似負面的每個事件，首先會勾起我們的罪咎，讓我們不知不覺地掉入情緒的黑洞裡。在那裡，我們毫無價值，天地無情，親友也漠不關心，我們的生命既空虛又無意義。誰不曾有過這種經驗？這種情境不只違反了我們的期待，它是有始以來存在性的悲哀，它是「失樂園」，它是陰森的涕泣之苦，它是整個人類的集體創傷。

我們並不知道，我們所哀悼的乃是我們與生命根源之間原本親密的關係，我們與生命之主的聯結變得如此不堪一擊。我們愈想過自己的日子，愈感到生命的疏離。只要我們的焦點還集中在狀似空虛的表相上，生命就愈顯得支離破碎。

我們在孤絕中哀號，以為沒有人聽到。其實，在這傷

痕累累及難熬的沉寂中，生命之主不斷向我們發言。我們已經被挖空了，準備聆聽了，我們總算謙虛下來，準備求援了，我們在絕望中抱著希望。我們逐漸體會到那兒一定有東西，雖然不知道那是什麼。

你若從未有過這類經驗，我無從為你描述。你若有過這種經歷，但尚未感受到內在的悸動，經驗過一道暖流，或在痛苦中聽過希望之翼正颯颯作響，那麼我也無法幫你的忙。這個地方是我們每個人都必須單獨面對的，從這個地方出來的人，沒有不改變的。在這曾是傷心之處，翅膀修補好了，舊創被洗淨了，罪咎從它的無底杯裡洩空了，黑夜已過了夜半，正等待黎明到來，封在心底的傷口已在皮膚表面滲出了點點血跡，一個身軀出現在空蕩蕩的十字架上了。

每一個人，無論是男是女，來到這世上，都不是來受苦的，而是來擺脫痛苦的。有些人認為只要否認，就不會感到痛苦，他們遲早會發現那是不可能的。指向歡樂之路必須穿過痛苦，那是人生旅途所提供的唯一助緣，人們在這條路上會出其不意地與它照面，而在開始時，人們甚至不知道那是一個助緣。

在痛苦裡，我找到了寬恕；在痛苦裡，我找到了神的愛。然而，除非我允許這一切發生，否則它不會來臨。雖然這可能必須經歷很長的一段時間，但是唯有我開始求助，我才會看到解脫的希望。當我對那前所未見的存在敞開心靈時，我會感到它已融入我內了，我感到它穩住我的腳步，我覺得它與我同進退，步步引導我的人生旅途。

有些人從未認出這個助緣。他們必須學會給予自己的東西，若拒而不給，則別人也得不到；他們必須學會給予別人的東西，若拒而不給，則自己也得不到。他們轉身面對著鏡子，卻認不出那個從鏡中回望著自己的影像，他們不惜打破鏡子，想用破碎的鏡片，硬劃出一條通往自由之路。

然而，自由並不是靠一雙利爪奪取的，每個利爪都隱隱記得自己有過一對翅膀，那對翅膀正在我們心靈寂靜的一角等候著展翅高飛的機會。每個靈魂都與生命之主有約。

在會晤的那一刹那，我們終於知道自己從未落單過，終於知道所有的痛苦、分離、罪咎及羞愧只是幻相而已，終於知道我們是被愛的而且無時無刻不在被愛當中。不一會兒，我們也許又會滑落到那震憾的一刻之外，我們的生活再度庸俗乏味，我們的眼光變得狹窄，我們縮回自己的

小天地，我們的注意力潰散，常常煩燥得坐立不安。於是，我們需要營造出一個新的危機，需要挺而走險，以便能再度摔回地面。

我們實在不必老玩這種痛苦遊戲，但我們卻喜歡這樣。我們「小小的願心」似乎已經離不開痛苦了。沒有痛苦，我們就不會屈服；沒有痛苦，我們就會忘記生活並非我們所能掌控的。沒有錐心刺骨的痛，我們會相信自己是真正的老闆，自以為知道自己在做什麼。

顯然，沒有比這更離譜的想法了。那正是一切痛苦和煩惱所要教我們的功課，也是一切幻相要我們學的功課。我們好似掌控了一切，但實際上並不是。我們自以為知道自己需要甚麼，實際上並不知道。

我們努力追求的每件事，所看到的每件事，都充滿了自己製造的虛幻。我們追尋圓滿，但從未找到，因為它不在我們自身之外，也不屬於小我的心境。它與追尋或追尋的遊戲規則毫不相干，它毫不理會我們這虛幻世界的運作法則。

你開始明白了嗎？每個失落，每個痛苦，都會把我們

帶到內在空虛之處，而那正是生命之主所在之地，祂就在那裡等著我們。我們一旦想填滿那個空位，祂就只好暫時隱退。任何的沈湎、期待，或信念體系都可能橫梗在生命之主與我們的中間，佔領那寂靜之地。我們若想與祂同在，必須空著雙手，不帶任何想法地前來，才可能聽到祂的聲音，而且與祂同住。時候一到，我們終會了解，這種境界不在外邊，而是在心內；時候一到，我們終會領悟的。

這地方不是指禪房或教堂，而是被我們的意向聖化了的那一剎那。當我們允許它出現時，當我們憤怒而懂得求助時，它就開啟了。當我們生活出了軌，被攪得天翻地覆，開始準備求助時，聖殿便出現了。

在我們情緒激盪而失去內心平安之刻，無論是甚麼原因造成的，我們必須把一切放下，才進得了那個聖殿。我們必須放下批判的念頭、評論的衝動，或對眼前事物所下的定義；我們必須放下所有的認知，才進得去。

因為《奇蹟課程》說過：「我們所看到的一切不具任何意義；一切的意義都是我們自己賦予的。」我們自以為知道它是什麼，其實並不知道。我們自以為知道自己是誰，其實並不知道。我們什麼都不知道，我們一無所知。我們必須赤

裸裸地走入內心，空著雙手且不帶任何想法進入那片寂靜。

活在「生命是愛」的意識裡，意即領悟到我們完全無法憑自己去理解任何事情，也就是放下我們需要理解或掌控的本能，同時學會信任每件事的發生都有它的原因，雖然那是無法用肉眼見到的。我們生命中的每個遭遇都會帶來一個無聲的祝福，即使我仍無法感受得到。

當我受傷時，願我記住天地有情，願我不評斷或批判，或自以為知道原因，願我不再攻擊或防衛、否認或辯護，願我只記得生命是愛。那便是我所需要的一切，全都在那裡了。

願生活在幻境中的我，能找到這單純的生命真相。其他的一切，在我所擁有的大愛之前，頓時黯然失色。在那滲透了你我和任何開放的心靈的大愛前，我的一切希望顯得如此無足輕重。

在人間權力鬥爭的遊戲裡，願我臣服於這單純的真理，生命之主一視同仁地愛著你和我，你我之間怎會有優勝劣敗之分呢？

在充滿內咎的人生遊戲裡，願我記住自己是純潔無罪的，你也如此。無論我對你做了什麼，或你對我做了什麼，都已被寬恕了。真的，在造物主眼裡，它從未存在過，那只是我們的幻夢遊戲而已。

你認為造物主可能了解攻擊、自殺、搶奪和虐待是怎麼一回事嗎？你認為愛之神會把人在絕望中的反撲舉動當真嗎？若是，那麼祂必會報復、降下大火，焚毀眾生，處罰我們的罪過。這麼一來，祂就不再是愛之神了。真相馬上變成相對的，暴力成了神的屬性，也變成我們的天賦了。我們豈是憤怒之神的兒女？若是，我們在此涕泣之谷豈有得救的指望？若是，幻相便統治了一切。

你相信生命之主是怎樣的，就會相信自己和你的弟兄姊妹也是怎樣的，這一點必須了解透徹。你若把惡魔高舉在上奉為神明，或是把它當作你的罪過與內咎而踩在腳下，那麼，你這一生，不論遇到什麼人，都會在他們的臉上看到邪惡。你究竟願意與邪惡或是良善同行呢？那是你的選擇，一種選擇肯定了幻相，另一種則會揭開面紗，把你帶入真相。

活在「生命是愛」的意識裡，便會感到沒有任何壞事

會落在你身上，因為壞事怎麼可能落在神的兒女身上呢？事實上，那是絕不可能的。有些事情看似壞事，但我並不知道它們真正的含意，也沒有能力去判斷它們，我是完全純潔無罪與自由的，因為全知全能的那一位會引導我度過這一天、這一小時、這充滿悲傷與淚水的一刻。

一旦壞事發生，我發現自己不是自責，就是怪罪別人，但我看到了，那是因為我的理性在充當嚮導，妄自評估那本來無所謂好或壞的事情。所以，我願讓事件呈現原狀，既不否認，也不辯護，只是允許每件事呈現它的本來面目，然後說：「請顯示我回家的路吧，我已失去內心的平安了。」

我的生命原是一首祈求平安及真相的禱詞。在外表欠缺愛時，我毫不羞愧地呼求愛，因為愛是我渴望的，也是我真正需要的。我們是有福的一群，因為我們正慢慢地移向光明，走過黑暗地帶，穿過自己的痛苦，越過自己的悲傷、愧咎和苦難。這就是我們穿越黑暗的旅途，我們懷著信心祈求，迎向第一道光明。愛人在呼叫心愛的人，那充滿愛心的「渡者」必會現身。他一現身，便會將我們領到生命之主前，他是光明的使者，會親自引導我們走出黑暗。

錯誤仍會存在，但最後都會引來寬恕。一切罪污終會在接納和愛中洗淨，這就是《奇蹟課程》所謂的「一蹴即至的旅程」(Journey without distance)，一個沒有起點或終點的旅途。「愛不會譴責」，它只會提醒我們，我們永是自由的，自由地學習和寬恕吧！

　　外在的樣子並不重要，重要的是內部。表相之下永遠有一個慈悲的聲音說：「這是我衷心喜悅的兒女。」每個表相之下都充滿無條件的愛，它是維繫宇宙的力量。這個愛使得花朵在春風中綻放，使得海浪不斷拍打海岸。表相下面的神聖內涵會自動地向外延伸，有如呼吸一般，給我們氣息，愛撫著我們，把我們交託給生命。

　　即使是一朵花，一片海洋，一個思想，我們都是彼此的一部分，現在直到永遠，願我們記住這一點。

　　　　永遠銘記不忘。
　　　　願平安與你同在。

# 奇蹟資訊中心
# 出版系列：

## 《奇蹟課程》（A Course in Miracles）——新譯本

《奇蹟課程》是二十一世紀的心靈學寶典，更是近年來各種心理工作坊或勵志學派的靈感泉源。中文版已在 1999 年由若水譯出，並由作者海倫·舒曼博士所委託的「心靈平安基金會」出版。

新譯本乃是根據「心靈平安基金會」2007 年所出版的「全集」，也是原譯者若水在「教『學』本課程十年之後再次出發的精心譯作。全書分為三冊：第一冊：〈正文〉；第二冊：〈學員練習手冊〉；第三冊：〈教師指南〉、〈詞彙解析〉以及〈補編〉的「心理治療」與「頌禱」二文。新譯本網羅了《奇蹟課程》所有的正式文獻，使奇蹟讀者從此再無滄海遺珠之憾。（**全書三冊長達 1385 頁**）

## 《奇蹟課程》〈學員練習手冊〉新譯本隨身卡

《奇蹟課程》第二冊〈學員練習手冊〉共三百六十五課，一日一課地，在力求具體的操練中，轉變讀者看事情的眼光，解開鬱積的心結。

若水由十餘年的奇蹟課程教學譯審經驗出發，全面重譯這部曠世經典。新譯版一本經典原文的精確度，語意更為清晰，文句更加流暢。精煉再三的新譯文，吟誦之，琅琅上口，饒富深意，猶如親聆J兄溫柔明晰的論述，每天化解一個心結，同享奇蹟。

為方便現代人在忙碌生活中操練每日一課，經三修三校的重譯版，首度以隨身卡形式發行，以頂級銅西卡精印，紙版尺寸 8.5 × 12.6 公分，另有壓克力卡片座供選購。（**全套卡片共 250 張**）

## 奇蹟課程導讀與教學系列

《奇蹟課程》雖是一部自修性的課程，只因它的理論架構博大精深，讀者常易斷章取義而錯失精髓，故奇蹟資訊中心陸續推出若水的導讀系列、米勒導讀，以及一階理論基礎及二階自我療癒DVD、其他演講錄音或錄影教材，幫助讀者逐漸深入這部自成一家之言的思想體系。

### 若水導讀系列

(一)《創造奇蹟的課程》（**全書 272 頁**）
(二)《生命的另類對話》（**全書 272 頁**）
(三)《從佛陀到耶穌》（**全書 224 頁**）

若水在這三冊中，解說《奇蹟課程》的來龍去脈與理論架構，透過問答的形式，說明崇高的寬恕理念如何落實於生活中；最後透過《奇蹟課程》的理念，闡釋佛陀和耶穌這兩位東西方信仰系統的象徵，在實相裡並無境界之別，而只有人心的「小我分裂」與「大我一體」的天壤之隔。

### 米勒導讀
## 《奇蹟半生緣》

一位慧心獨具卻不得志的記者，三十多歲便受盡「慢性疲勞症候群」的折磨，群醫束手無策，他在走投無路之下，不禁自問：「究竟是誰把我這一生搞得這麼慘？」

《奇蹟課程》讓他看到，自己竟是一切問題的始作俑者。他對這一答覆百般抗拒，直到有位心理治療師對他說：「恭喜你！你若讀得下這本書，大概就不需要心理治療了！」

《奇蹟半生緣》全書穿插作者派屈克·米勒浮沉人生苦海的經歷，但他

並不因此獨尊自身的經驗和詮釋，而以記者客觀實証的精神，遍訪散居全美各地的奇蹟講師與學員，甚至傾聽圈外人的質疑。本書可說是一部美國奇蹟團體的成長紀實。（全書 319 頁）

## 奇蹟課程其他有聲教學教材

奇蹟資訊中心歷年發行《奇蹟課程》譯者若水的演講錄音或錄影光碟，將《奇蹟課程》的抽象理念與現實生活銜接起來，幫助讀者了解《奇蹟課程》的精髓所在，是奇蹟學員不可或缺的有聲輔讀教材，由於教材內容每年不盡相同，欲知詳情，請上網查詢。

www.acimtaiwan.info
奇蹟課程中文網站
www.qikc.org 奇蹟課程中文部簡体網

### 肯恩實修系列

### 《奇蹟原則 50》

許多讀者久仰《奇蹟課程》之盛名，興沖沖地讀完短短的導言後，就怔忡在一條一條有如天書的「奇蹟原則」之前。讀了後句忘前句，「奇蹟」的概念好似漂浮在字裡行間，始終無法在腦海中落腳，以至於閱讀了一兩頁之後便後繼無力，難以續篇，竟至棄書而逃。

「奇蹟原則」前後五十條，其實是整部課程的濃縮，若無明師指點，讀者通常都不得其門而入。於今多虧奇蹟泰斗肯尼斯旁徵博引，以深入淺出而又幽默的答問形式，將寬恕與奇蹟的精神落實於生活中，為初學者乃至資深學員提供了一個實修的指標。（全書 209 頁）

### 《終結對愛的抗拒》

追尋心靈成長的人，學到某個階段往往面臨一個瓶頸：儘管修習多年，一遇到某種挑戰，就不自覺地掉回原地，因而自責不已。問題到底出在哪裡？

佛洛依德在他的臨床經驗中，驚異地發現，病人的潛意識中有「拒絕療癒」的本能，肯尼斯根據《奇蹟課程》的觀點，犀利地剖析人們「拒絕療癒或轉變」的原因，又仁慈地為讀者指出穿越小我迷霧的關鍵，由停滯不前的窘境中突圍。對於追尋心靈成長和平安的人而言，本書不但有提點指授的功效，更有當頭棒喝的力道。（全書 109 頁）

### 《親子關係》

坊間論及親子問題的書籍可謂汗牛充棟，泰半繞在親子關係複雜且微妙的糾結情懷，唯獨肯尼斯‧霍布尼克不受表象所惑，借用《奇蹟課程》的透視鏡，澈照出親子之間愛恨交織的真正關鍵。

本書表面上好似在答覆「如何教養子女」、「如何對待成年子女」以及「如何照顧年邁雙親」等具體問題，它其實是為每一個人點出我們在由「身為兒女」，到「照顧兒女」，繼而「照顧雙親」的艱苦過程，以及我們轉變知見時必然經歷的脫胎換骨之痛。（全書 238 頁）

### 《性‧金錢‧暴食症》

在紛紜萬象的世界裡，性、金錢與食物可說是人生問題的「重頭戲」，最易牽動小我的防衛機制，故也最具爭議性。作者肯恩沿用《奇蹟課程》中「形式與內涵」的層次觀點，針對性、金錢等等所引發的光怪陸離現象（形式），揭露它們背後一貫的目的（內涵）——小我企圖藉無止盡的生理需求，抹滅心靈的存在，加深孤立、匱乏、分裂等受害感，最後連吃飯、賺錢與性交都可能變成一種攻擊的武器。

肯恩與學員的趣味問答，反映出我們日常是如何受制於這些生理需求的；然而，我們也能藉聖靈之助，將現實挑戰化為人生教室，將小我怨天尤人的陰謀，轉為寬恕與結合的工具。（全書 196 頁）

## 《仁慈——療癒的力量》

這是一部針對奇蹟教師及資深奇蹟學員的實修指南。全書分上下兩篇，上篇列舉奇蹟學員常有的現象，例如以奇蹟之名攻擊他人，或以善意為由掩蓋自己批判的心態；下篇探討如何用仁慈的眼光來看待自己與他人的缺陷，教我們將自身的限制或缺陷轉為此生的「特殊任務」，在人間活出寬恕的見證，成為聖靈推恩的管道。（**全書251頁**）

## 《逃避真愛》

本書是針對道理全懂卻難以突破的資深學員而寫的，它一針見血地指出，綑綁我們修行腳步的，不是世界的黑暗，也非人間的牽絆，而是自己打造出來的一道心牆。

只因我們深怕真愛會消融了自己的特殊性，故把心靈最深的渴望隱藏到心牆之後，與之「解離」，在人間展開一場虛虛實實又自相矛盾的追尋。一邊痛恨小我的束縛，一邊又忙著為小我說項；以至於內心有一部分奮力向前，另一部分則寧可原地觀望。藉著裝傻、扭曲、辯駁，把回歸真愛的單純選擇渲染成複雜又艱深的學問。

《逃避真愛》溫柔地解除了人心無需有的恐懼，讓我們明白心牆的「不必要」，陪伴我們無咎無懼地跨越過去。（**全書156頁**）

## 《假如二二得五》

從古至今，多少人心懷救苦救難的大志，傾注一生之力貫徹自身理想，卻往往受現實所圍而終不能及。我們這些凡夫俗子，亦不乏拼搏自救之心，然而在現實面前，還是屢屢敗陣，活得憋屈而無奈。問題究竟出在哪裡？

對此，本書剴切提出：整個世界其實一直按照 2＋2＝4 的「鐵律」來運作，萬物循著固定的軌跡盈虧盛衰，

一切可謂「命中註定」，無怪乎歷史上的種種救世之舉皆以失敗告終。然而，《奇蹟課程》識破世界的詭計，小我既然使出 2＋2＝4 的苦肉計，它便祭出 2＋2＝5 的救贖原則，破解小我編織的羅網，溫柔地引領我們走出世界的幻境。本書即是教導我們，如何在貌似 2＋2＝4 的世界活出 2＋2＝5 的生命氣象，而且更進一步，迎向天地間唯一真實的等式 1＋1＝1。（**全書171頁**）

肯恩《奇蹟課程釋義》系列

## 《奇蹟課程序言行旅》

如果說《奇蹟課程》是一首曠世交響曲，《序言》便奠定了整首樂曲的氣質與基調，不僅鋪敘出奇蹟交響樂的關鍵理念，還將讀者提升到奇蹟形上思想的高度和意境，堪稱《正文行旅》最佳的暖身之作。

肯恩有如一流的樂評家，領著讀者，在宏觀處，領受樂章磅礴的主旋律，在微觀處，諦聽暗藏其中的千百種變奏，致其廣大，盡其精微，深入課程之堂奧，回歸心靈之家園。（**全書121頁**）

## 《正文行旅》（陸續出版中）

《奇蹟課程》在人類靈性進化史上的貢獻可謂史無前例，而《正文行旅》乃是《奇蹟課程釋義》三部曲的完結篇。肯恩由文學，詩體，音樂三重角度，依循各章節的主題，提供了「重點式」以及「全面性」的導覽，幫助學員深入奇蹟三昧，沉浸於智慧與慈悲之海。

這部行旅可說是肯恩一生教學的智慧結晶，奇蹟學員浸潤日久，必會如他所願：奇蹟，發自心靈，必將流向心靈。（**第一冊335頁**）

## 《學員練習手冊行旅》
(陸續出版中)

整套《奇蹟課程釋義》的問世，可說是無心插柳。1998年起，肯恩應學生之請，為〈學員練習手冊〉做了一系列的講解，基金會將研習錄音增編彙整為逐句詮釋的〈學員練習手冊行旅〉。此案既定，〈正文行旅〉以及〈教師指南行旅〉應運而生，為奇蹟學員提供了最完整且精闢的修行指針，訂名為《奇蹟課程釋義》，幫助學員將〈正文〉理念架構所引伸出來的教誨，運用到現實生活中。這三部《行旅》，可說是所有踏上奇蹟旅程的學員最貼心的夥伴。

《學員練習手冊行旅》的宗旨，乃是幫助奇蹟學員了解三百六十五課的深意，以及它們在整部課程中的作用。更重要的是，幫助學員將每日一課運用於現實生活中，否則《奇蹟課程》那些震古鑠今之言可謂枉費唇舌，徒然淪為一套了無生命的學說。**(第一冊346頁)(第二冊292頁)(第三冊234頁)**

### 其他出版品

## 《寬恕十二招》

《寬恕十二招》的作者保羅·費里尼，有鑒於人們的想法與情緒反應模式，早已定型僵化，成了一種「癮」，不是一朝一夕可以化解得掉的。因此，他將《奇蹟課程》的寬恕理念，分解為十二步驟，一步一步地引導我們超越自卑、自責以及過去的創痛，透過自我寬恕而領受天地的大愛。這是所有準備好負起自我治癒之責的人必讀的靈修教材，也是曠世靈修經典《奇蹟課程》的輔讀書籍。**(全書110頁)**

## 《無條件的愛》

作者保羅·費里尼繼《寬恕十二招》之後，另以老莊的散文筆法，細細描述我們每一個人心中都擁有的「無條件的愛」。他由大我的心境出發，以第一人稱的對話方式，直接與讀者進行心與心的交流，喚醒我們心中沉睡已久的愛，開啟那已被遺忘的智慧。此書充滿了「醒人」的能量，是陪伴你走過人生挑戰的最好伙伴。**(全書215頁)**

## 《告別娑婆》

宇宙從哪兒來的？目的何在？我究竟是什麼？為什麼會在這裡？我要往哪裡去？我該怎麼活在這個世界裡？當你讀完本書，會有一種「千年暗室，一燈即亮」的領悟。

全書以睿智而風趣的對話談當今世局、原子彈爆炸，一直說到真愛、疾病、電視新聞、性問題與股價指數等等，讓我們對複雜詭異的人生百態，頓時生出「原來如此」的會心一笑。它說的雖全是真理，讀起來卻像讀小說一樣精彩有趣，難怪一問世便成了西方出版界的新寵。**(全書513頁)**

## 《一念之轉》

作者拜倫·凱蒂曾受十餘年的憂鬱症所苦，一天早上，她突然覺悟了痛苦是如何形成及如何結束的。由此經驗中，她發明了四句問話的「轉念作業」(The Work)，引導你由作繭自縛中徹底脫身，是一本足以扭轉你人生的好書。**(全書448頁，附贈轉念作業個案VCD)**

## 《斷輪迴》阿頓與白莎回來了！

繼《告別娑婆》走紅之後，葛瑞的生活形態發生重大的轉變，也面臨了更多的挑戰。葛瑞仍是口無遮攔地談八卦、論是非、臧否名流，阿頓和白莎兩位上師在笑談棒喝中，繼續指點葛瑞如何在現實挑戰下發揮真寬恕的化解(undo)功能，徹底瓦解我執，切斷輪迴之根。**(全書304頁)**

## 《人生畢業禮》

本書是保羅與 Raj 在 1991 年的對話記錄。對話日期雖有先後，內涵卻處處玄機，不論由哪一篇起讀，都會將你導入人類意識覺醒的洪流。

Raj 借用保羅的處境，提醒所有在人間孤軍奮鬥的人，唯有放下自己打造的防衛措施，才可能在自己的心靈內找到那位愛的導師。也唯有從這個核心出發，我們才會與所有弟兄相通，悟出我們其實是一個生命。（**全書 288 頁**）

## 《療癒之鄉》

《療癒之鄉》中文版由美國「獅子心基金會」委託台灣「奇蹟資訊中心」出版。

作者羅賓·葛薩姜把《奇蹟課程》深奧又慈悲的教誨化為一套具體的情緒啟蒙和心靈復健課程，協助犯罪和毒癮的獄友破除心理障礙，學習處理人與人之間的衝突，調整情緒，建立自信，切斷「憤怒→攻擊→憤怒」的惡性循環。《療癒之鄉》陪伴無數受刑人度過獄中歲月。

《療癒之鄉》也是為所有困在自己心牢裡的讀者而寫的。世間幾乎沒有一人不曾經歷童年的創傷、外境的壓迫，以及為了生存而形成種種不健康的自衛模式。獄友的心路歷程給予我們極大的啟發，鼓舞我們步上心靈療癒之路。（**全書 440 頁**）

## 《我要活下去》

這本書不只是一本鼓舞信心的療癒指南，還是一個女人把自己從鬼門關前拉回來的真實故事。

作者朱蒂·艾倫博士（Judy Edwards Allen, Ph.D.）原本是成功的專業顧問、大學教授、大學教科書作者，四十歲那年獲知罹患乳癌的「噩耗」，反而成為她生命的轉振點，以清晰、熱情的文筆，記錄了她奮力將原始的求生意念成功地轉化為「康復五部曲」的歷程。讀者會看到她如何軟硬兼施地與醫生打交道，如何背水一戰克服無助感，又如何透過寬恕，喚醒內心沉睡已久的愛與生命力。最後，她終於超越自己對生死的執著，在這一場疾病與療癒的拔河大賽中，獲得了靈性的凱旋。（**全書 280 頁**）

## 《時間大幻劇》

人們對於時間，存在著種種截然不同的看法，比如：時間是良藥，可以癒合一切創傷；善惡終有報，只等時候到；時間是無情的殺手，終將剝奪我們的一切……。人類早已視時間的存在為天經地義，戰戰兢兢地活在過去的懊悔、現在的焦慮和對未來的恐懼中。我們好似活在一座無形的牢籠裡，苟延殘喘，等待大限的到來。

《奇蹟課程》的泰斗肯恩博士曾說：「不了解時間，不可能讀懂《奇蹟課程》的。」他引經據典，將散落全書有關時間的解說，梳理出一個完整的思想座標，猶如點睛之龍，又如劃破文字叢林的一道靈光，讓我們一窺《奇蹟課程》的究竟堂奧（究竟義）。此書可說是肯恩留給奇蹟資深學員最珍貴的禮物。（**全書413頁**）

## 《奇蹟課程誕生》

《奇蹟課程》的來歷究竟有何玄虛？為什麼它選擇經由海倫·舒曼博士來到人間？它的記錄方式及成書過程，與它傳給人類的訊息有何內在關係？有幸親炙此書的我們，又該如何延續奇蹟精神的傳承？

不論你只是好奇《奇蹟課程》的精采傳奇，還是有心以「史」為鑑，窮究奇蹟的傳承精神，本書都提供了最可靠的第一手資料。作者因與茱麗、海倫與比爾等人交往密切，故受這些開山元老之託，冷靜而客觀地梳理《奇蹟課程》的記錄及成書經過，佐以三位奇蹟元老

的親筆自白，融鑄成一部信實可徵的《奇蹟課程》誕生史，帶領讀者重新走過五十年前那段精采神奇的心靈歷程。（全書195頁）

## 《飛越死亡的夢境》

　　本書榮獲美國出版界著名的「活在當下書籍獎」（Living Now Book Awards），全書以嶄新的視角詮釋曠世靈修經典《奇蹟課程》的教誨，為讀者剴切指出「起死回生」的著力點。

　　作者特別選取在人間每個角落不時作祟的「死亡陰影」入手，揭露小我抵制永恆生命的伎倆。作者以親身的經歷為奇蹟作證，並且提供了極其實用的反省練習，解除我們潛意識中對死亡的恐懼，為百害不侵的生命本質開啟了一扇門，真愛與喜悅得以流過人間，讓奇蹟成為日常生活裡「最自然的事」。（全書524頁）

## 國家圖書館出版品預行編目資料

寬恕十二招 / Paul Ferrini 著；周玲瑩 譯
－－初版，－－台北市：奇蹟資訊中心，2001年
　　面；　　　　公分，－－（靈修系列）
譯自：The Twelve Steps of Forgiveness
ISBN 957-30522-0-2 （平裝）

# 寬恕十二招 尋回真愛的祕訣

## *The Twelve Steps of Forgiveness*

著　者：　保羅·費里尼 (Paul Ferrini)

譯　者：　周玲瑩

潤　稿：　若　水

攝　影：　施美娟

出　版：　奇蹟課程有限公司·奇蹟資訊中心
　　　　　桃園市光興里縣府路76-1號
　　　　　聯絡電話：（04）2536-4991

郵政劃撥：19362531　戶名 劉巧玲

網　址：　www.accim.org

E-Mail：　admin@accim.org
　　　　　mictaiwan@kimo.com.tw

定　價：　新台幣二二〇元

2001 年 2 月初版
2022 年 9 月 23 刷

ISBN 957-30522-0-2

經銷代理：聯合發行公司
　　　　　電話：（02）2917-8022 # 162
　　　　　　　　（03）2128-000 # 335

《版權所有，翻印必究》
（缺頁或破損的書，請寄回更換）